Irmela Erckenbrecht

Auf Veggiekurs durch die Schwangerschaft

Gedruckt auf
100% Recyclingpapier

Irmela Erckenbrecht

Auf Veggiekurs durch die Schwangerschaft

Alles Wichtige zur vegetarischen und veganen Ernährung

fotografiert von Hanna Rudolf

pala verlag

Danke ...

... all den netten Leserinnen und Lesern, die mit ihren detaillierten Rückmeldungen zu meinen Büchern »Das vegetarische Baby« und »So schmeckt's Kindern vegetarisch« interessante Fragen aufwarfen und wertvolle Hinweise gaben. Besonderen Dank an meine liebe Nichte, Hebamme Jenny Nöding-Bühler, für ihre hilfreiche Kritik und ihren fachfraulichen Rat.

Die in diesem Buch getroffenen Aussagen gelten für Vegetarierinnen, die weder Fleisch noch Fisch, in Maßen aber Eier und Milchprodukte verzehren, sowie für Veganerinnen, die zudem auf Eier, Milchprodukte und andere tierische Produkte verzichten. Lassen Sie sich bei veganer Lebensweise bitte von kompetenter Seite individuell beraten, da es in diesem Fall für Sie und vor allem Ihr Kind besonders wichtig ist, sich sehr bewusst zu ernähren und gesundheitliche Risiken, z. B. in Folge eines Vitamin-B_{12}-Mangels, auszuschließen. Bitte beachten Sie dazu auch die Hinweise zu den notwendigen Nahrungsergänzungsmitteln (zusammengefasst auf Seite 48).

Bedenken Sie außerdem, dass die in diesem Buch gegebenen Hinweise und Ratschläge für gesunde Mütter und Babys gelten. Bei besonderen Gesundheits- und Ernährungsproblemen nehmen Sie bitte medizinische Hilfe und eine Ernährungsberatung in Anspruch.

Inhalt

Herzlichen Glückwunsch!

Sie erwarten ein Kind? Das ist wunderbar! Vor Ihnen liegt eine spannende, an Freuden und Herausforderungen reiche Zeit.

Vor allem die Schwangerschaft ist eine ganz kostbare Phase im Leben. Das langsame Heranwachsen des noch ungeborenen Kindes bietet Ihnen Zeit und die Möglichkeit, jetzt einmal innezuhalten und sich mit Leib und Seele auf all die kommenden Veränderungen einzustellen. Es sind neun Monate, in denen Sie sich hoffentlich besonders viel Gutes tun – sich ausruhen, Kräfte sammeln, Weichen stellen, den Regungen des kleinen, noch unbekannten Wesens nachspüren, sich die gemeinsame Zukunft ausmalen, sich für Ihr Kind bereit machen und der täglich wachsenden Liebe zu ihm all den Raum geben, den sie zu ihrer vollen Entfaltung braucht.

Und doch kennen auch Sie sicherlich die bangen Fragen, die sich immer wieder in die Glücksgefühle mischen: Wird mein Kind gesund sein und bleiben? Und wird es mir gelingen, alles richtig zu machen?

Der Wunsch, für das Wohl und die Gesundheit Ihres Babys nur das Allerbeste zu tun, kann überwältigend und verwirrend sein. Spätestens in dieser Situation gewinnt für viele auch die Frage der Ernährung eine neue Bedeutung.

Längst hat sich herumgesprochen, dass für die Gesundheit eines Babys schon die Ernährung der Mutter in der Schwangerschaft äußerst wichtig ist. Deshalb ist im Mutterpass auch ein von der Arztpraxis anzukreuzendes Kästchen für die Ernährungsberatung vorgesehen und in jeder Broschüre, die werdende Eltern in die Hand gedrückt bekommen, wird das Thema angesprochen. Trotzdem beschränken sich die Ratschläge allzu oft auf den vagen Hinweis, sich doch bitte »möglichst ausgewogen« zu ernähren.

In dieser Situation bietet die pflanzenbetonte Vollwerternährung eine hervorragende Orientierung. Zumal inzwischen erwiesen ist, dass sie, wenn wir uns an einige wenige Regeln halten, nicht nur »nicht schadet«, sondern im Gegenteil für die Gesundheit von Mutter und Kind (und allen anderen Familienmitgliedern!) sogar enorme Vorteile bringt. Auf alle Fragen rund um die Ernährung in der Schwangerschaft Rede und Antwort zu stehen und Ihnen in dieser aufregenden Zeit einen übersichtlichen und zuverlässigen Leitfaden an die Hand zu geben, soll die Aufgabe dieses Buches sein. Es berichtet über die positiven Auswirkungen einer bewussten Ernährung, gibt konkrete Informationen über den besonderen Nährstoffbedarf in der Schwangerschaft und hilft Ihnen mit einfach umzusetzenden Positivlisten und leckeren Rezepten dabei, sich und Ihrem Kind Gutes zu tun. Es zeigt, wie eine gute Versorgung mit allen wichtigen Nährstoffen gelingen kann und wo eine zusätzliche Unterstützung durch Nahrungsergänzungsmittel nötig ist.

Dabei ist es ganz egal, ob Sie sich aus ethischen, ökologischen oder gesundheitlichen Gründen überwiegend pflanzlich ernähren und ob Sie schon seit Jahren fleischlos glücklich sind oder sich erst jetzt zu einem pflanzenbetonten Lebensstil entschlossen haben. Ja, auch wenn Sie vielleicht in Zukunft einfach nur weniger tierische Lebensmittel essen wollen und einfach neugierig sind, was die pflanzenbasierte Küche in Ihrer jetzigen Lebenssituation für Sie zu bieten hat, werden Sie einiges finden, was Ihnen und Ihrem Kind gut tut und überdies noch lecker schmeckt.

Aus eigener Erfahrung weiß ich: Mit einer vegetarischen Vollwertkost legen Sie einen soliden Grundstein für eine gesunde Schwangerschaft. Und wenn Sie sich dazu entscheiden, Ihre vegane Ernährungsweise in der Schwangerschaft beizubehalten, geben Sie Ihrem Baby einen positiven Start ins Leben, wenn Sie sich ausgewogen ernähren und besonders gut auf eine ausreichende Zufuhr kritischer Nährstoffe achten.

In diesem Sinne wünsche ich alles Gute für Sie und Ihr Kind!

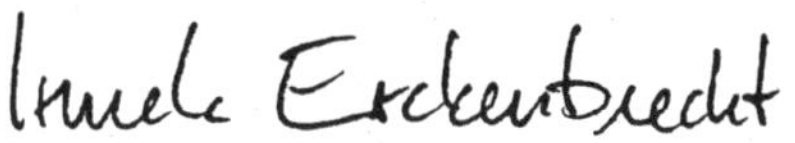

Grünes Licht für eine fleischlos glückliche Schwangerschaft

Die vegetarische und inzwischen auch die vegane Ernährung stoßen heute zunehmend auf Akzeptanz. Mehr und mehr Restaurants bieten neben ihrem gewohnten Repertoire auch pflanzliche Alternativen an, fast jeder Durchschnittshaushalt zieht zumindest gelegentlich ein vegetarisches oder veganes Kochbuch zu Rate, und wer sich als »Veggie« outet, wird längst nicht mehr bestaunt wie ein Wesen von einem anderen Stern. Verunsicherung herrscht allerdings oft noch dann, wenn Kinder ins Spiel kommen und es um die pflanzliche Ernährung von schwangeren Frauen geht – weshalb wir uns, ehe wir mit den eigentlichen Rat- und Vorschlägen beginnen, zuerst mit einigen grundsätzlichen Fragen befassen müssen.

Werdende Mütter, die schon seit Jahren vegetarisch oder vegan glücklich sind oder die Schwangerschaft zum Anlass nehmen, ihre Ernährung umzustellen, wissen anfangs oft nicht so genau, wie sie den veränderten Ernährungsanforderungen in der Schwangerschaft genügen und eine gesunde Kost für sich und ihr noch ungeborenes Kind zusammenstellen und gegebenenfalls ergänzen sollen. Manchmal haben sie es auch mit skeptischen Mahnungen zu tun, die möglicherweise nicht nur aus ihrem persönlichen Umfeld, sondern auch von Ärztinnen und Ärzten kommen, deren Rat ihnen in diesen aufregenden Zeiten sehr wichtig ist. Das überwältigende Gefühl, nun auf einmal nicht mehr nur für sich, sondern zusätzlich noch für ein kleines, hilfloses Wesen verantwortlich und dieser Verantwortung möglicherweise nicht gewachsen zu sein, sorgt in dieser besonderen Lebenssituation ohnehin für Verwirrung.

Viele Meinungen über die pflanzenbasierte Ernährung stammen aber aus einer Zeit, als diese Kostform noch eine echte Außenseiterrolle spielte, oder sie gründen zum Teil auf längst überholtem Wissen. So hieß es beispielsweise jahrelang, wer auf Fleisch verzichte, nähme möglicherweise nicht genug Eiweiß zu sich. Heute hören wir von höchst offizieller Seite, dass gerade die fleischreiche Durchschnittskost für viele Zivilisationskrankheiten verantwortlich und die pflanzenbetonte Ernährung wegen ihres Reichtums an komplexen Kohlenhydraten und Ballaststoffen viel gesünder sei – übrigens gerade auch in der Schwangerschaft, denn eine Ernährung mit reichlich tierischen Fetten und einfachen Kohlenhydraten erhöht das Risiko für einen Schwangerschaftsdiabetes. Und was die Versorgung mit Eiweiß angeht, ist auch in den letzten Winkeln der Ernährungswissenschaft inzwischen die Erkenntnis angekommen, dass die Proteine einzelner Pflanzen für eine vollständige Abdeckung des Eiweißbedarfs zwar nicht ausreichend sein mögen, vegetarisch oder vegan lebende Menschen aber selten ein pflanzliches Lebensmittel allein verzehren, sondern bei so gut wie jeder Mahlzeit Proteine verschiedener Herkunft (z. B. Getreide und Milch, Kartoffeln und Eier, Getreide und Hülsenfrüchte) kombinieren. Auf diese Weise ergänzen sich die verschiedenen Eiweißbausteine gegenseitig und können sich zu einer ausreichenden Bedarfsdeckung zusammenfügen, wenn die pflanzlichen Proteinquellen geschickt kombiniert werden und insgesamt die Energiebilanz stimmt.

Ausreichende Versorgung sicherstellen

Während die durch die übliche Durchschnittskost verursachten Mangelerscheinungen achselzuckend hingenommen und mit entsprechenden Ergänzungspräparaten ausgeglichen werden, wird bei den fleischlosen Ernährungsweisen gern pedantisch auf jeden möglichen Mangel hingewiesen. Dabei stehen sowohl vegetarische als auch vegane Mütter bei der Versorgung mit bestimmten, für die Schwangerschaft wichtigen Nährstoffen in mancherlei Hinsicht deutlich besser da. So z. B. bei der Folsäure, die insbesondere in der frühen Schwangerschaft eine zentrale Rolle spielt. Bei einer pflanzenbetonten Ernährung mit einem hohen Anteil an Gemüse, Obst, Vollkornprodukten und Hülsenfrüchten ist die Versorgung mit Folsäure viel eher gesichert als bei der fleischhaltigen Durchschnittskost, sodass Vegetarierinnen und Veganerinnen hier bereits deutlich mehr für ihre Gesundheit und eine gute Entwicklung ihres Babys tun. Ähnliches gilt für weitere in Pflanzen vorkommende Vitamine, viele Mineralstoffe, Ballaststoffe und bioaktive Pflanzenstoffe.

Vor allem wenn sie vollwertig ausgerichtet ist, bietet die pflanzenbasierte Ernährung eine Fülle an wertvollen, gesunden Lebensmitteln. Die Zeiten, in denen sich manche unter der Entscheidung für einen fleischlosen Lebensstil eine lebenslängliche Verurteilung zu einem schnitzelförmigen Loch auf dem Teller vorstellten, sind längst vorüber. Sich bewusst vegetarisch oder vegan zu ernähren, heißt ja gerade nicht, beim Essen einfach bloß Fleisch und Fisch wegzulassen oder durch stark verarbeitete Ersatzprodukte zu ersetzen. Vielmehr zapfen Vegetarierinnen und Veganerinnen zahlreiche alternative Eiweiß-, Vitamin- und Mineralstoffquellen an, die ihrem individuellen Geschmack entsprechen und eine gute Versorgung mit allem sicherstellen, was sie für ein gesundes Leben brauchen. Wo dies allein mit pflanzlichen Lebensmitteln nicht möglich ist, müssen vor allem Vegane-

Möglichst frisch, möglichst vollwertig: gut für schwangere Veggies und ihren Lieben

rinnen, die – anders als Vegetarierinnen – überhaupt keine Lebensmittel tierischen Ursprungs, also auch keine Eier und keine Milchprodukte, verzehren, auf eine gezielte Nährstoffergänzung zurückgreifen. Was dies im Einzelnen bedeutet und was es dabei alles zu beachten gibt, wird in den folgenden Kapiteln genau erklärt. Aber keine Angst: Sie brauchen sich weder in Nährstofftabellen zu vertiefen noch bei jeder Mahlzeit komplizierte Berechnungen anzustellen. Einige Grundkenntnisse genügen, und schon entsteht eine ausgewogene Ernährung mit einem vielseitigen Nährstoffangebot.

Sorgen Sie für ein Aha-Erlebnis!

Die eigentlich wichtigen Fragen, die Ärztinnen und Ärzte oder andere wohlmeinende Mitmenschen vegetarischen und veganen Müttern also stellen müssten, wären: Ernähren Sie sich gleichzeitig auch vollwertig? Achten Sie auf eine ausgewogene Nährstoffzufuhr? Essen Sie möglichst viele frische, unverarbeitete Lebensmittel? Wissen Sie, welche Nährstoffe Sie gegebenenfalls ergänzen müssen? Und ist Ihnen bewusst, dass Sie in Ihrer jetzigen Situation bevorzugt X essen und auf Y lieber verzichten sollten?

Im Prinzip müssten sie allen fleischessenden Müttern dieselben Fragen stellen. Leider gilt die fleischhaltige »Normalkost« in unserer Gesellschaft jedoch noch immer als so selbstverständlich, dass man sie trotz aller möglichen Probleme für die Gesundheit nicht in Frage stellt, während andere Kostformen weiter beargwöhnt werden.

Lassen Sie sich davon jedoch nicht beirren, sondern setzen Sie gute Argumente und ein aktives, gesundheitsbewusstes Verhalten dagegen. Wer weiß, vielleicht bescheren Sie Ihrem Gegenüber damit so manches Aha-Erlebnis und regen auf lange Sicht zum Umdenken an.

Natürlich sind auch Vegetarierinnen und Veganerinnen vorstellbar, die sich überwiegend von Tütensuppen, Fertigpudding und Weißbrot ernähren. Sie sind aber bestimmt in der Minderheit. In den meisten Fällen bringen Menschen, die bewusst auf bestimmte oder alle Lebensmittel tierischen Ursprungs verzichten, eine äußerst gute Voraussetzung mit: Gerade weil sie sich *willentlich* für eine Ernährungsform entschieden haben, mit der sie sich aus ethischen, ökologischen oder gesundheitlichen Gründen wohler fühlen, ist die Chance, dass sie sich *bewusst* ernähren und dabei auf eine ausgewogene Nährstoffzufuhr achten, entsprechend größer.

Ja, viele Vegetarierinnen und Veganerinnen sind in der Regel gesundheitsbewusster, und auch bei ihnen hat sich in punkto Aufklärung in den letzten Jahrzehnten einiges getan. Sie sind untereinander bestens vernetzt, es gibt Stammtische und Vereine, Diskussionsforen im Internet und eine bunte Vielfalt an Kochbüchern, Ratgebern und Zeitschriften, die für eine bewusste Auseinandersetzung und ständige »Weiterbildung« vegetarisch und vegan lebender Menschen förderlich sind. Vegetarierinnen und Veganerinnen sind deshalb heute meist überdurchschnittlich gut über Ernährungsfragen informiert und stellen ihre Nahrungsmittel überlegter zusammen als vergleichbare fleischessende Bevölkerungsgruppen.

Wichtig ist darüber hinaus in der Schwangerschaft natürlich eine von gegenseitiger Wertschätzung getragene »Zusammenarbeit« mit einer Frauenärztin oder einem Frauenarzt Ihres Vertrauens. Suchen Sie sich eine Person, die für Ihre Haltung zum Thema Ernährung Verständnis aufbringt. Und nutzen Sie auf jeden Fall das Angebot der engmaschigen ärztlichen Betreuung. Zum sorgsamen Umgang mit sich und Ihrem werdenden Kind gehört auch, dass Sie die regelmäßigen, von den Krankenkassen im Rahmen der Schwangerenvorsorge angebotenen Vorsorgeuntersuchungen wahrnehmen.

Zusätzlich kann auch eine Hebamme Ihrer Wahl Sie durch die gesamte Schwangerschaft begleiten. (Die Krankenkassen bezahlen dies als »Hilfestellung bei Schwangerschaftsbeschwerden«.) Die Hebamme berät Sie bei allen eventuell

Was Sie skeptischen Mitmenschen erwidern können

Ich ernähre mich nicht nur vegetarisch oder vegan, sondern auch vollwertig. Dabei achte ich auf Vielfalt der Lebensmittel und ein ausgewogenes Verhältnis der Nährstoffe. Kritische Nährstoffe habe ich im Blick und ich nehme regelmäßig die empfohlenen Ergänzungsmittel. Ich esse möglichst viele frische und wenig verarbeitete Lebensmittel. Was ich jetzt besonders brauche und was ich lieber meiden sollte, weiß ich. Wenn ich Fragen habe, hole ich mir kompetenten Rat.

auftretenden Problemen und kann auch Vorsorgeuntersuchungen übernehmen, wobei sie auch alles durchführen kann, was sonst in einer gynäkologischen Praxis geschieht, außer natürlich einer Untersuchung per Ultraschall. Viele Frauen berichten, dass es ihnen in bestimmten Situationen leichter fällt, sich einer Hebamme anzuvertrauen, als mit jeder Frage und mit jedem »Zipperlein« ihre Ärztin oder ihren Arzt zu behelligen. Außerdem verfügen Hebammen traditionsgemäß über ein breites naturheilkundliches Wissen und sie können viele Probleme schon im Ansatz mit sanften Methoden abfangen. Und natürlich erkennen sie, wann es sich doch einmal um ein ernsteres Problem handelt, das es ärztlich abzuklären gilt. Hebammen bieten auch Kurse zur Geburtsvorbereitung an. Und oft lässt sich schon im Vorfeld klären, welche Hebamme später die Nachsorge übernimmt. Im Grunde genommen können Sie sich also gar nicht früh genug an eine Hebamme wenden.

Go Veggie – vieles spricht dafür

Ein deutliches Signal für die Anerkennung der pflanzenbetonten Ernährung ist das Positionspapier der US-amerikanischen *Academy of Nutrition and Dietetics* (AND). Darin werden nicht nur die einzelnen Vorteile der vegetarischen und veganen Ernährung aufgezählt, sondern es wird auch ausdrücklich positiv Stellung bezogen: »Angemessen geplante vegetarische Kostformen, einschließlich veganer Kostformen, sind gesund, ernährungsphysiologisch angemessen und können einen gesundheitlichen Nutzen durch die Vorbeugung und Behandlung bestimmter Krankheiten bieten. Gut geplante vegetarische Kostformen sind für alle Lebensabschnitte, einschließlich Schwangerschaft, Stillzeit, Säuglingsalter, Kindheit und Jugend sowie für Sportler geeignet.«

Hierzulande sprechen mehrere große wissenschaftliche Studien für gesundheitliche Vorteile durch den vegetarischen Lebensstil. Allerdings zeigen sie auch, dass es wichtig ist, wie die Kost zusammengestellt wird. Als besonders günstig erweist sich dabei eine Vollwerternährung, die gering verarbeitete Lebensmittel bevorzugt und hauptsächlich aus Gemüse, Obst, Vollkornprodukten, Kartoffeln, Hülsenfrüchten sowie in Maßen auch aus Milchprodukten und Eiern besteht. Und wenn Ihnen der Begriff »Vollwert« ein wenig altbacken erscheint, ersetzen Sie ihn gern mit dem etwas trendigeren »Clean Eating«, das ist im Grunde so etwas wie »Vollwert 2.0«.

Was die vegane Ernährung betrifft, wird auf die Existenz »kritischer Nährstoffe« hingewiesen, die es regelmäßig im Blick zu behalten und mithilfe von Nährstoffpräparaten entsprechend zu ergänzen gilt. Näheres erfahren Sie in den Abschnitten zu den einzelnen Nährstoffen und im Überblick über die empfohlenen Nahrungsergänzungsmittel auf Seite 48.

Interessant ist in dem Zusammenhang aber auch, dass Menschen mit einer pflanzenbetonten Ernährung sich insgesamt häufiger an die von der Deutschen Gesellschaft für Ernährung (DGE) aufgestellten Richtlinien halten als andere Ernährungsgruppen, und zwar nicht nur, was den Verzehr von Gemüse, Obst und Vollkornprodukten betrifft, sondern auch bei der Gewichtung der drei großen Grundnährstoffe Protein, Fett und Kohlenhydrate. Die Allgemeinbevölkerung in Deutschland isst zu viel Fett und zu viele schnell verfügbare Kohlenhydrate. Bei pflanzenbetonter Ernährung werden mehr komplexe Kohlenhydrate und weniger Fette aufgenommen.

Dass die pflanzenbetonte Ernährung nicht nur im Hier und Jetzt fit macht , sondern – vor allem, wenn sie vollwertig ausgerichtet ist – auch langfristig mit weniger Krankheitsrisiken und einer langen gesunden Lebenszeit verbunden sein kann, gilt inzwischen als wissenschaftlich gesicherte Erkenntnis. In den letzten Jahren hat man sich deshalb verstärkt der Frage zugewandt, woran dies liegen könnte. Das heißt, die Forschung beschäftigte sich weniger mit dem *Ob* als mit dem *Wie* des Gesundheitsnutzens. Dabei stellte man fest, dass pflanzliche Nahrungsmittel im Gegensatz zu denen tierischen Ursprungs Stoffe enthalten, die im menschlichen Organismus direkt gesundheitsfördernd wirken. Zu diesen Stoffen gehören z. B. die Antioxidantien, auch Radikalenfänger genannt, die gefährdete Zellen vor den berüchtigten freien Radikalen schützen. Darüber hinaus enthalten vegetabile Lebensmittel weitere »bioaktive« Pflanzenstoffe, die man so nennt, weil sie im Stoffwechsel aktiv sind und ihn dadurch positiv beeinflussen. Die Pflanzen produzieren diese Substanzen, um damit ihre eigenen Stoffwechselprozesse zu steuern, sich vor Schädlingen zu schützen oder ihr Wachstum zu regulieren. Auch im menschlichen Organismus entfalten viele dieser Stoffe eine gesundheitliche Schutzfunktion, sie senken beispielsweise den Blutdruck und den Cholesterinspiegel, wirken entzündungshemmend und stärken das Immunsystem.

Die Vorteile im Einzelnen

Wie viele dieser bioaktiven Stoffe es insgesamt gibt, ist noch unbekannt. Ihre »antikanzerogene« (also vor der Entstehung von Krebserkrankungen schützende) Funktion wird inzwischen so intensiv erforscht, dass man sie bereits in zwei Kategorien unterteilt: die »*Blocking Agents*«, die verhindern, dass im Körper inaktive kanzerogen wirkende Stoffe in eine aktive Form umgewandelt werden, und die »*Suppressing Agents*«, die das Wachstum von Zellen mit bereits geschädigter DNA und so die Entstehung von Krebszellen verhindern. Für einige Krebsarten wird der vorbeugende Effekt eines hohen Verzehrs von Gemüse und Obst, Getreideprodukten und Nüssen betont. Die Umstellung auf eine überwiegend pflanzliche Kost gilt neben dem Verzicht auf das Rauchen und dem Vermeiden von Übergewicht als eine der wichtigen Maßnahmen mit präventiver Wirkung.

Was auf Krebs zutrifft, gilt in noch viel stärkerem Maße für Herz-Kreislauf-Erkrankungen. In mehreren großen Studien, die weltweit durchgeführt wurden, zeigte sich, dass das Risiko, einen Herzinfarkt oder Schlaganfall zu bekommen, bei den Personen, die täglich ausreichend Gemüse und Obst sowie Hülsenfrüchte und Nüsse, aber wenig Fleisch und zuckerhaltige Getränke verzehrten, geringer ist. Regelmäßige Bewegung und Nichtrauchen senken das Risiko zusätzlich.

Regenbogenfarben auf dem Teller

Sekundäre Pflanzenstoffe lassen sich als Aroma- und Farbstoffe riechen, schmecken und optisch wahrnehmen. Die bunten Farbstoffe signalisieren uns, in welchen Lebensmitteln viele der segensreichen Wirkstoffe enthalten sind. Deshalb: Je bunter und abwechslungsreicher unser Speiseplan gestaltet wird, desto besser. Mit mindestens drei Portionen Gemüse und zwei Portionen Obst am Tag, die möglichst alle Farben des Regenbogens auf den Teller zaubern, haben wir ein großes Spektrum abgedeckt.

Dass der Cholesterinspiegel bei vegetarisch und vegan lebenden Menschen in der Regel niedriger ausfällt als bei denen, die der üblichen Mischkost anhängen, ist schon länger bekannt. Inzwischen weiß man, dass nicht nur der niedrigere Fettanteil, sondern auch der hohe pflanzliche Anteil der Nahrung dabei eine besondere Rolle spielt. Neben den Ballaststoffen und den bioaktiven Pflanzenstoffen sind offenbar die günstigeren mehrfach ungesättigten Fettsäuren in der pflanzlichen Kost direkt für den Schutzeffekt verantwortlich. Nüsse und Samen, Avocados, Olivenöl und andere wertvolle Pflanzenöle (wegen der schützenden langkettigen Omega-3-Fettsäure vor allem Raps-, Walnuss- und Leinöl) ergänzen eine herzgesunde Ernährung.

Interessant ist, dass ein reichlicher Verzehr von Gemüse und Obst die Blutdruckwerte günstig beeinflusst und dazu beiträgt, das Risiko für Bluthochdruck zu verringern.

Pflanzliches Powerfood

Zahlreiche Studien zeigen, dass vegetarisch und vegan lebende Menschen seltener Übergewicht haben und seltener an den sogenannten Zivilisationskrankheiten wie Diabetes mellitus oder Fettstoffwechselstörungen leiden. Das Risiko, infolgedessen eine Herz-Kreislauf-Erkrankung zu entwickeln, ist dadurch verringert. Die Vorteile fallen umso stärker aus, je länger die betreffenden Personen schon fleischlos glücklich sind – ein weiterer guter Grund dafür, unseren Kindern von Anfang an einen fleischlos gesunden Start ins Leben zu ermöglichen.

Richtig zusammengestellt, versorgt uns eine ausgewogene pflanzenbetonte Ernährung gut und ausreichend mit den meisten Nährstoffen, vor allem natürlich mit den Inhaltsstoffen, die in Pflanzen besonders oft vorkommen, darunter Vitamin B_1, Vitamin B_6, Vitamin C und Folsäure. Geringer ist dagegen die Aufnahme von Vitaminen, die überwiegend in tierischen Lebensmitteln vorkommen: Vitamin B_2, B_{12} und D. Ausreichend mit Vitamin B_{12} versorgt sind nach wissenschaftlichen Erkenntnissen all die Vegetarierinnen und Vegetarier, die mindestens 380 Gramm Milch und Milchprodukte pro Tag sowie ein Ei pro Woche verzehren. Alle anderen, und insbesondere diejenigen, die sich vegan ernähren, müssen Vitamin B_{12} ergänzen.

Hinsichtlich der von den Kritikern besonders gern ins Feld geführten Eisenversorgung zeigt sich, dass mit einer fleischfreien Kost zwar einerseits meist genauso viel Eisen aufgenommen wird wie bei der üblichen Mischkost, die Eisenspeicherwerte aber andererseits häufig im unteren Normbereich liegen. Dabei stellt sich jedoch die Frage, ob dies nicht auch von Vorteil sein kann. Epidemiologische

Allgemeine gesundheitliche Vorteile des vegetarisch-veganen Lebensstils

Eine pflanzenbetonte, bewusste Ernährungsweise hält fit und gesund.
Die Vorteile im Überblick:

- niedrigere Blutfett- und Cholesterinwerte
- seltener Übergewicht
- bessere Versorgung mit vielen Vitaminen, Ballaststoffen und bioaktiven Pflanzenstoffen
- geringeres Risiko für Herz-Kreislauf-Erkrankungen, Diabetes mellitus oder Bluthochdruck

Befunde sprechen dafür, dass ein hoher Eisenspiegel das Auftreten von bakteriellen Infektionen begünstigt. Hohe Eisenspeicherung steht zudem im Zusammenhang mit einem erhöhten Risiko für Typ-2-Diabetes, Herzerkrankungen und Krebs.

Da die Eisenwerte bei den Vorsorgeuntersuchungen in der Schwangerschaft jedoch eine so wichtige Rolle spielen, wollen wir uns im nächsten Kapitel noch einmal ausführlicher mit dieser Frage beschäftigen und vor allem Wege aufzeigen, wie vegetarische und vegane Mütter auf jeden Fall eine ausreichende Versorgung mit Eisen sicherstellen können.

Wichtig ist in diesem Zusammenhang auch, zu betonen, dass die Nährstoffe, bei denen Vegetarierinnen und Veganerinnen unter Umständen Versorgungsprobleme haben, häufig auch für die Durchschnittsbevölkerung problematisch sind, z. B. Jod, Vitamin D und Eisen. Dafür sind nicht generell die Ernährungsgewohnheiten, sondern auch andere Faktoren (z. B. Jodmangelgebiete oder Sonneneinstrahlung) verantwortlich.

Alles in allem hat die vegetarisch-vegane Kost also im Normalfall gegenüber einer fleischhaltigen Mischkost durchaus Vorteile. Wie aber sieht es in dem »Ausnahmezustand« aus, den die Schwangerschaft wegen des großen Mehrbedarfs an Nährstoffen nun einmal darstellt?

Vollkornprodukte und Kartoffeln liefern komplexe Kohlenhydrate, Ballaststoffe und Vitamine.

Forschungsergebnisse

In dem bereits eingangs zitierten Positionspapier der US-amerikanischen *Academy of Nutrition and Dietetics* heißt es, eine »gut geplante« vegetarische – und auch vegane – Ernährungsweise sei »für alle Phasen des Lebenszyklus geeignet, einschließlich Schwangerschaft und Stillzeit …«.

In Deutschland dokumentierte diesen Sachverhalt im Hinblick auf die vegetarische Ernährung sehr eindrücklich die »Gießener Vollwert-Ernährungs-Studie Teil II (Schwangerschafts-Studie)«, die am *Institut für Ernährungswissenschaften der Universität Gießen* durchgeführt wurde: Die untersuchten Vollwertköstlerinnen nahmen mehr Vitamine und Mineralstoffe auf als die Vergleichsgruppe von Frauen, die sich mit Mischkost ernährten. Günstiger waren auch die Nährstoffrelationen und die Versorgung mit einfach und mehrfach ungesättigten Fettsäuren. Von den Vollwertköstlerinnen lebte etwa die Hälfte vegetarisch. Ihre Eisenwerte waren tendenziell niedriger als bei den schwangeren Mischköstlerinnen und den fleischessenden Vollwertköstlerinnen. Trotzdem bestand meist kein erhöhtes Risiko einer Eisenmangelanämie. Fazit der Studie: Für die optimale Versorgung von Schwangeren ist eine vollwertige Ernährung – auch in ihrer fleischfreien Variante – ideal.

Vor allem bei der Versorgung mit der besonders in den frühen Stadien der Schwangerschaft so wichtigen Folsäure standen vegetarische Vollwertköstlerinnen in der Gießener Studie glänzend da. Die Vitamin-B_{12}-Werte gaben jedoch gelegentlich Anlass zur Sorge. Vegetarierinnen, die nicht regelmäßig Eier und Milchprodukte verzehren, sollten ihren Vitamin-B_{12}-Status deshalb ärztlich abklären lassen und im Bedarfsfall unbedingt ein Vitamin-B_{12}-Präparat einnehmen. Für Veganerinnen gilt dies in jedem Fall, hier ist eine Nahrungsergänzung unverzichtbar (mehr dazu auf Seite 41), zumal ein Mangel auch zu einem sekundären Folsäuremangel führen kann.

Aber auch sogenannte Mischköstlerinnen können unterversorgt sein: Bei Magen-Darm-Erkrankungen oder der regelmäßigen Einnahme von Medikamenten sollte die Vitamin-B_{12}-Versorgung ebenfalls überprüft werden, weil in diesen Fällen die Aufnahme im Körper oft verringert ist.

Der Proteinbedarf ist ab dem vierten Schwangerschaftsmonat erhöht. Die Proteinzufuhr und die Versorgung mit den meisten essenziellen Fettsäuren werfen bei einer vollwertigen Ernährung meist keine Probleme auf (mehr dazu auf Seite 37). Wer reichlich Vollkorngetreide, Vollkornbrot und -backwaren sowie Gemüse, Obst, Kartoffeln und Hülsenfrüchten isst, bekommt nicht nur ausreichend Kohlenhydrate, sondern ganz nebenbei auch noch jede Menge Ballaststoffe, Mineralstoffe und Vitamine, sodass eine in der Schwangerschaft besonders wichtige Ernährung mit Lebensmitteln mit hoher Nährstoffdichte gewährleistet ist. Die Nährstoffdichte eines Lebensmittels errechnet sich aus dem Verhältnis zwischen Energie- und Nährstoffgehalt, also daraus, wie viele Nährstoffe pro Kalorie dieses Lebensmittel enthält. Je weniger be- oder verarbeitet ein Lebensmittel ist, desto höher ist in der Regel seine natürliche Nährstoffdichte.

Bei einigen wichtigen Vitaminen, beispielsweise B_1, B_6, C und E, sowie bei Mineralstoffen wie Magnesium ist die Versorgung von Schwangeren mit pflanzenbetonter Kost deutlich besser als bei fleischessenden Vergleichspersonen.

Die vegetarische oder vegane Ernährung in der Schwangerschaft bringt außerdem einige ganz konkrete Vorteile mit sich: Weil Vegetarierinnen und Veganerinnen mehr folsäurehaltiges Gemüse, Vollkornprodukte und Hülsenfrüchte essen, ist ein Folsäuremangel, der zu Fehlbindungen und Frühgeburten führen kann, bei ihnen weniger wahrscheinlich. Die Gewichtszunahme hält sich eher in den empfohlenen Grenzen, sodass sie später keine hartnäckigen Pfunde abhungern müssen und sich ihr gewohntes Wohlfühlgewicht nach einer Weile viel leichter wieder einstellt. Und es gibt weniger Verdauungsprobleme. Die Darmwände sind in der Schwangerschaft schlaffer und weiter als sonst (um Kontraktionen der Gebärmutter und damit Frühgeburten zu vermeiden, wirkt das Hormon Progesteron entspannend auf alle unwillkürlichen Muskeln), weshalb es zu Verstopfungen und besonders bei sehr fleischhaltiger Kost zu Blähungen kommen kann. Der hohe Ballaststoffanteil pflanzlicher Lebensmittel dagegen verhilft zu einem weichen, regelmäßigen Stuhl und wirkt den üblichen Verdauungsbeschwerden in der Schwangerschaft entgegen.

Interessanterweise ist vielen Schwangeren – und zwar auch denen, die bisher ohne Bedenken Fleisch verzehrten – der Anblick, der Geruch oder auch der Geschmack von Fleisch eher unangenehm. In manchen Gesellschaften ist Fleischverzehr während der Schwangerschaft ohnehin tabu. Wie bei anderen unüberwindlichen Abneigungen gegenüber bestimmten Lebensmitteln in der Schwangerschaft kann hierfür ein instinktiver Schutzmechanismus verantwortlich sein. Schließlich ist Fleisch schwerer verdaulich, leichter verderblich und es besteht die Gefahr, dass es Krankheitskeime, z. B. den für das ungeborene Kind lebensbedrohlichen Toxoplasmose-Erreger, überträgt. Wegen dieser Risiken werden auch alle Schwangeren bei der Vorsorge eindringlich ermahnt, rohes Fleisch (Tatar, Mett, rohe Würste, blutige Steaks) zu meiden. Gut möglich, dass der Körper etwas von diesen Gefahren ahnt.

Pluspunkte einer gut zusammengestellten pflanzenbetonten Kost in der Schwangerschaft:

- Gewichtszunahme in den empfohlenen Grenzen
- weniger Verdauungsprobleme durch hohen Ballaststoffanteil der Kost
- bessere Versorgung mit vielen Vitaminen, Mineralstoffen und günstigen Fettsäuren
- bessere Versorgung mit der besonders zu Beginn der Schwangerschaft wichtigen Folsäure
- optimale Vorbereitung auf eine gesunde Stillzeit

Eine gute Vorbereitung auf die Stillzeit

Die Muttermilch wird in ihrer Zusammensetzung maßgeblich von der Ernährung der Mutter vor und während der Stillzeit beeinflusst. Was Sie jetzt essen, ist also bereits für die Qualität der Muttermilch und damit für die Nährstoffversorgung Ihres Babys entscheidend.

In mehreren wissenschaftlichen Studien wurde die Muttermilch von vegetarischen mit der von fleischessenden Müttern verglichen. Dabei stellte sich z. B. heraus, dass es bei der Menge und dem Gehalt an Spurenelementen, Laktose und Gesamtfett kaum nennenswerte Unterschiede gibt.

Die pflanzenbetonte Ernährung bringt in dieser Hinsicht also keine Nachteile. Im Gegenteil. Stillende vegetarische und vegane Mütter haben zwei große Vorteile: Ihre Muttermilch hat erstens einen höheren Gehalt an mehrfach ungesättigten Fettsäuren, was sie leichter verdaulich macht. Zweitens ist ihre Muttermilch weniger mit Umweltschadstoffen belastet, weil die Nahrungskette Pflanze-Tier-Mensch, in der sich die Schadstoffe immer mehr anreichern, bei ihnen um ein wichtiges Glied – nämlich das Tier – verkürzt ist und die fraglichen Stoffe in erster Linie über tierische Fette weitergegeben werden. In einer beispielhaften Studie stellte sich heraus, dass die Muttermilch von Mischköstlerinnen deutlich stärker mit bromierten Flammschutzmitteln, die sich in der Umwelt anreichern, belastet war. Auch der Gehalt an schädlichen Chlorkohlenwasserstoffen erwies sich in einer Studie als deutlich höher. Die Vorteile für die Muttermilch gelten insbesondere dann, wenn die Mutter sich schon längere Zeit fleischfrei ernährt hat. In dieser Hinsicht ist die vegetarisch-vegane Schwangerschaft die beste Vorbereitung auf eine gesunde Stillzeit.

Zum Schluss wollen wir erwähnen, dass sich bewusst ernährende Vegetarierinnen und Veganerinnen noch einige andere hohe Trümpfe mit in die Schwangerschaft einbringen: die bereits erwähnte gesündere Lebensweise, den meist sparsameren Umgang mit Nikotin, Alkohol, Kaffee, Zucker und schwarzem Tee und das seltenere Auftreten von Diabetes mellitus, koronaren Herzerkrankungen und Bluthochdruck – Erkrankungen, die in der Schwangerschaft ein großes Risiko darstellen.

Vorausgesetzt, es wird auf die ausreichende Zufuhr kritischer Nährstoffe wie Vitamin B_{12} geachtet, hat die pflanzenbetonte Ernährung also in der Schwangerschaft echte Vorteile!

Nicht nur pflanzenbetont, sondern auch vollwertig

Von diesem Wissen bestärkt, können wir uns nun den besonderen Anforderungen an die Ernährung in dieser aufregenden Zeit zuwenden. Vorher wollen wir nur noch eine Frage klären: Warum ist es so wichtig, sich pflanzenbetont *und* vollwertig zu ernähren?

Die Antworten lauten: Weil zum einen die einzelnen Nährstoffe nicht isoliert, sondern am besten in Begleitung ihrer natürlichen Begleitstoffe ihre Wirkung entfalten. Und weil zudem durch die Vielfalt an Nährstoffen in ein und demselben natürlichen Nahrungsmittel quasi automatisch einer einseitigen Ernährung mit all ihren negativen Folgen und Mangelerscheinungen vorgebeugt wird. Zucker kommt beispielsweise in vielen Früchten und Gemüsen vor, besonders natürlich im Zuckerrohr und in der Zuckerrübe. Erst die modernen Raffinadetechniken machen es möglich, ihn zu isolieren und als Süßungsmittel ohne jeden weiteren Nährstoffgehalt in Mengen anzubieten. Das Gleiche gilt für Fett, das reichlich in Samen und Nüssen oder beispielsweise in Avocados zu finden ist. Wer ein Schäl-

Ein vollwertiger Speiseplan bringt mit Hirse, Buchweizen und Amarant Abwechslung auf den Tisch.

Tipps für den Einstieg in die Vollwerternährung

- Zu jeder Mahlzeit eine kleine Portion frisches Gemüse und Obst verzehren.
- Vollkornvarianten der verschiedenen Grundnahrungsmittel wie Brot, Nudeln und Reis allmählich einführen und langsam die Menge erhöhen.
- Beim Backen Weißmehl und Vollkornmehl zunächst im Verhältnis 1:1 mischen.
- Helle mit bunten und braunen Vollkornnudeln kombinieren.
- Reis-Körner-Mischung kochen, die weicher ist als reiner Vollkornreis.
- Brot aus fein gemahlenem Vollkornmehl ohne ganze Körner backen oder kaufen.

chen Studentenfutter knabbert, isst etwas Süßes und nimmt Zucker und Fett, gleichzeitig aber auch viele wertvolle Vitamine und Mineralstoffe zu sich und hat ein ganz anderes Gefühl der Sättigung und Zufriedenheit als jemand, der einfach irgendetwas Zuckrig-Klebriges gefuttert hat.

Ein wichtiges Prinzip der Vollwerternährung besteht folglich darin, Nahrungsmittel möglichst in ihrer ursprünglichen, natürlichen Form zu sich zu nehmen, Weißmehl und Fabrikzucker zu meiden, Brot und andere Backwaren, Getreideflocken oder Nudeln, die aus dem ganzen Getreidekorn hergestellt wurden, zu verwenden und viel rohes Gemüse und Obst zu essen. Dies ist eine bewusst vage und offene Definition, die sich unter Beachtung bestimmter Grundlagen vor allem am eigenen Geschmacksgenuss orientiert und auch mal eine Ausnahme zulässt. Wieso sollen wir nicht ein paar Esslöffel leckere Weizenkeime in unser Müsli streuen, wenn wir damit unsere Versorgung mit B-Vitaminen verbessern können, auch wenn Weizenkeime streng genommen nur einen Teil des Getreidekorns enthalten? Und warum sollen wir uns nicht gelegentlich ein Stück Schokolade auf der Zunge zergehen lassen? Machen wir unser Essen zu einem gesunden Genuss. Wer nicht genießt, ist ungenießbar!

Mit der gleichen Haltung der Offenheit und gelassenen Zuversicht können wir auch die Ernährung in der Schwangerschaft angehen. Unbestritten ist, dass die besonderen Belastungen und Anforderungen in dieser Zeit eine besonders gute Ernährung verlangen und der Bedarf an bestimmten Nährstoffen, Vitaminen, Mineralien und Spurenelementen höher ist als sonst. Dem sollten Sie Rechnung tragen, indem Sie Ihrem Körper bewusst mehr von den Stoffen anbieten, die er jetzt so dringend braucht – und ihm das, was Sie, vor allem im Fall einer veganen Ernährung, nicht durch pflanzliche Lebensmittel abdecken können, unbedingt in Form von Nahrungsergänzungsmitteln zuführen.

AEG

Was Sie gerade jetzt besonders brauchen

Das Leben eines Babys beginnt spätestens mit dem Augenblick seiner Zeugung. Während der Schwangerschaft ist seine Versorgung ganz von der Ernährung der Mutter abhängig. Ja, es setzt sich immer mehr die Erkenntnis durch, dass auch das, was die Mutter *vor* dieser Zeit gegessen hat, für den Verlauf einer gesunden Schwangerschaft von großer Bedeutung ist. Das gilt z. B. für die ausreichende Versorgung mit der für alle Prozesse der Zellteilung so wichtigen Folsäure, die Fehlbildungen und Fehlgeburten entgegenwirkt und in der pflanzenbasierten Vollwertkost oft viel mehr enthalten ist als in der fleischhaltigen Durchschnittskost. Auch die Schadstoffbelastung der Muttermilch fällt geringer aus, wenn die werdende Mutter schon seit längerer Zeit eher pflanzlich isst und Lebensmittel aus kontrolliert-biologischem Anbau bevorzugt. Für die Umstellung auf eine gesündere Ernährung ist es also nie zu früh, aber auch nie zu spät. Nutzen Sie die Zeit der Schwangerschaft dazu, noch einmal über all diese Fragen nachzudenken, manches zu verändern und Neues auszuprobieren. Bestimmt werden nicht nur Sie, sondern auch der Rest Ihrer Familie – und vor allem Ihr Baby! – davon profitieren.

Ehe wir uns den einzelnen Nährstoffen zuwenden, erst einmal ein beruhigender Hinweis: Schwangere Frauen essen oft instinktiv das Richtige. In der Schwangerschaft spüren sie eine engere Verbindung zu ihrem Körper und sind sich ihrer natürlichen Rhythmen stärker bewusst. Wir alle kennen die Witze über die Gelüste nach bestimmten Lebensmitteln, die schwangere Frauen so plötzlich befallen, dass es in diesem Augenblick nichts Wichtigeres für sie gibt. Die Statistik zeigt: Mehr als die Hälfte aller Schwangeren haben Gelüste oder Aversionen gegenüber bestimmten Lebensmitteln. Denken Sie beispielsweise an das Märchen vom Rapunzel, das mit einer schwangeren Frau beginnt, die auf den Feldsalat im Garten ihrer Nachbarin so versessen ist, dass ihr Mann zu einer gefährlichen Mission mit den bekannten Folgen aufbrechen muss. Gehen wir der Sache nach, stellt sich vielleicht heraus, dass die verlangten Lebensmittel (im Märchen der Rapunzelsalat mit seinem hohen Eisen- und Folsäuregehalt) vielleicht genau das waren, was in diesem Moment zu einer ausgewogenen Ernährung fehlte.

Ähnlich ist es wohl auch mit den unüberwindbaren Abneigungen gegen bestimmte Lebensmittel in der Schwangerschaft: Eine innere Stimme bewahrt Schwangere oft davor, etwas zu sich zu nehmen, das für sie jetzt schädlich wäre. Besonders häufig werden Alkohol, Kaffee, Zigarettenrauch, Fleisch, Eier, fette Speisen und scharfe Gewürze abgelehnt. Allein der Gedanke daran reicht in manchen Fällen, um heftige Abwehr und Übelkeit auszulösen. In manchen Gesellschaften gibt es während der Schwangerschaft regelrechte Nahrungsmitteltabus, bestimmte Abneigungen werden sozusagen von der gesamten Kultur unterstützt. Vertrauen wir also bei aller Beschäftigung mit ernährungswissenschaftlichen Erkenntnissen auch unserem Körper, und hören wir darauf, was er uns zu sagen hat.

Deshalb wollen wir – auch wenn wir uns im folgenden Abschnitt mit einzelnen, in der Schwangerschaft besonders wichtigen Nährstoffen befassen – eine ganzheitliche Sicht der Ernährung nicht aus den Augen verlieren. Eine gesunde Ernährung ist mehr als die Summe einzelner Nährstoffe, die ja gerade erst in der Umgebung ihres natürlichen Vorkommens und im Zusammenwirken mit all ihren Begleitstoffen zur optimalen Entfaltung kommen. Sie ist Nahrung für Leib und Seele, verschafft uns Genuss und trägt dazu bei, dass wir uns wohlfühlen und stark und abwehrkräftig sind. Deshalb müssen wir auch, um uns gesund zu ernähren, weder Kalorien noch Milli- oder Mikrogramm Eisen, Folsäure oder Zink zählen. Wenn wir wissen, welche Nährstoffe in welchen Nahrungsmitteln stecken, können wir uns eine Positivliste zusammenstellen und anhand dieser Liste aus dem Vollen schöpfen.

Gute Voraussetzungen haben Sie, wenn Sie:

- wissen, woraus eine gesunde Ernährung besteht, und kritische Nährstoffe im Blick behalten,
- so vorausplanen, dass Sie nicht zum Erstbesten greifen müssen,
- sich mit guten Lebensmitteln bevorraten, damit Sie immer das Passende zur Hand haben,
- außerdem auf viel körperliche Bewegung achten, Stress vermindern und Schadstoffe vermeiden.

Ganz am Anfang

Am Anfang der Schwangerschaft ist das Wachstum des Babys noch so gering, dass kein nennenswerter Mehrbedarf an Nährstoffen besteht – mit Ausnahme der bereits erwähnten Folsäure. Sogar ein vor Beginn der Schwangerschaft bestehender Folsäuremangel kann zu Fehlbildungen und Fehlgeburten führen.

Folsäure ist besonders für die Bildung des Neuralrohrs und für dessen Verschluss zwischen dem 22. und 28. Tag der Schwangerschaft wichtig. Zu diesem Zeitpunkt wissen viele Frauen noch gar nicht, dass sie schwanger sind. Aus dem Neuralrohr des Embryos entwickelt sich das zentrale Nervensystem. Schließt sich das Neuralrohr nicht oder nur unvollständig, kann es zu schweren Schäden an Gehirn oder Rückenmark kommen, beispielsweise *Spina bifida* (offener Rücken). Auch das Risiko für Lippen-Gaumen-Kiefer-Spalten ist erhöht.

Bei Kinderwunsch wird daher – unabhängig von der Ernährungsweise – eine zusätzlich Folsäureaufnahme bereits vor der Empfängnis empfohlen. Erwachsene sollten täglich 300 Mikrogramm (µg) Folsäure mit dem Essen aufnehmen. Frauen, die schwanger werden wollen, wird empfohlen, *zusätzlich* zu einer ausgewogenen Ernährung 400 µg synthetische Folsäure oder äquivalente Dosen anderer Folate in Form eines Präparates pro Tag zuzuführen. Dies soll im ersten Drittel der Schwangerschaft beibehalten werden.

Ab dem 4. Schwangerschaftsmonat sollte die tägliche Ernährung 550 µg Folsäure enthalten, damit Mutter und Baby ausreichend versorgt werden. Bei konventioneller Ernährung werden im Durchschnitt etwa 200 µg Folsäure aufgenommen, wer sich vollwertig ernährt, kommt auf deutlich bessere Ergebnisse. Vor allem Vegetarierinnen und Veganerinnen haben eine erheblich geringere Neigung zu Folsäuremangel als ihre nicht-vegetarischen Geschlechtsgenossinnen, weil sie mehr Gemüse, Hülsenfrüchte und Obst essen. Dennoch sollten Sie schon bei bestehendem Kinderwunsch, spätestens aber von dem Moment an, in dem Sie wissen, dass Sie schwanger sind, ganz bewusst Tag für Tag eine Extraportion folsäurehaltige Nahrung zu sich nehmen.

Folsäure ist sehr hitze- und sauerstoffempfindlich. Auch Alkohol und bestimmte Medikamente wie Antibiotika können Folsäure zerstören, und bei Frauen, die längere Zeit die Pille genommen haben, ist zudem ein Mangel wahrscheinlicher.

Schutz vor der Zerstörung des Vitamins bietet beispielsweise Vitamin C. Es ist also besonders sinnvoll, folsäurehaltige zusammen mit Vitamin-C-haltigen Lebensmitteln aufzunehmen bzw. solche Lebensmittel zu wählen, die beide Vitamine beinhalten, beispielsweise Orangen oder Feldsalat.

Frische grüne Blattgemüse wie Spinat, Mangold, Endivien- und Eichblattsalat und andere grüne Gemüse und Kräuter wie Brokkoli, Grünkohl, Rosenkohl, Lauch,

Frische ist Trumpf!

Für die Folsäureversorgung ist entscheidend, wie viel von diesem wichtigen Vitamin in den fertig zubereiteten Speisen steckt. Dies liegt nach dem Einkauf ganz in Ihrer Hand! Folsäure scheut das Licht, verträgt weder Hitze noch Sauerstoff und schwimmt gerne mit reichlich Wasser davon. Aber mit etwas Gespür für die Beschaffenheit der Lebensmittel bleibt viel von diesem wertvollen Inhaltsstoff erhalten:

- Kaufen Sie empfindliche Blattgemüse in kleinen Mengen frisch ein.
- Lagern Sie Blattgemüse nur kurz im Kühlschrank, andere Gemüsearten möglichst kühl und lichtgeschützt.
- Gemüse und Obst erst waschen, dann zerkleinern. Je kleiner Gemüse geschnitten ist, desto mehr Vitamine werden durch das Wasser herausgelöst.
- Waschen Sie Gemüse am besten kurz in frischem, stehendem Wasser.
- Bereiten Sie Gemüse möglichst oft roh zu. Probieren Sie außer Blattsalaten auch andere Rohkostsalate.
- Auch Sauerkraut schmeckt roh als Salat sehr lecker, wenn Sie es beispielweise mit geraspelten Möhren, Apfel- und Ananasstückchen oder Rosinen ergänzen.
- Viele Gemüsearten können auch einfach mal zwischendurch geknabbert oder mit einem Dip gegessen werden.
- Wenn Gemüse wie Brokkoli oder Blattspinat erhitzt werden soll: Dünsten Sie es kurz mit wenig Wasser.
- Der Topfdeckel sollte beim Dünsten geschlossen bleiben. Entweichender Wasserdampf reißt Folsäure und andere Vitamine mit, Sauerstoff macht sich über den Rest im Topf her. Daher am besten auch nicht unnötig umrühren!

Fenchel, Löwenzahnsalat und Petersilie sind gute Folsäurelieferanten. Bereiten Sie diese Kräuter und mindestens ein Drittel dieser Gemüsearten in frischer, roher Form zu und dünsten Sie den Rest bei Bedarf mit wenig Wasser, da beim Erhitzen 50 bis 90 Prozent der Folsäure zerstört werden können. Auch Hülsenfrüchte, insbesondere Kichererbsen, Mungo- und Sojabohnen sowie Sojabohnen- und Linsensprossen, Hefeflocken, Weizenkeime, Weizensprossen, Kartoffeln, Bananen, Tomaten, Datteln, Walnüsse, Mandeln, Kürbiskerne, Pistazien, Erdbeeren, Kirschen, Weintrauben und Brote mit natürlichem Sauerteig liefern Folsäure. *Frisch* gepresster Orangensaft hat sich besonders bewährt. Setzen Sie gleich zu Anfang Ihrer Schwangerschaft diese Nahrungsmittel vermehrt auf Ihren Speiseplan, und gewöhnen Sie sich ab sofort an, öfter mal ein großes Glas frisch gepressten Oran-

Gemüse gut lagern, schonend verarbeiten und öfter mal roh zubereiten: So bleibt möglichst viel Folsäure erhalten und auch Farbe und Geschmack werden besser bewahrt.

gensaft frisch zu trinken. Mit 250 ml Saft nehmen Sie etwa 100 µg Folsäure und gleichzeitig eine Menge anderer wertvoller Inhaltsstoffe zu sich.

Bei der Einnahme des Folsäurepräparates sollten Sie sich kompetent beraten lassen. Da Folsäure im menschlichen Stoffwechsel eng mit Vitamin B_{12} verknüpft ist, ist eine gute Versorgung vor allem dann gesichert, wenn gleichzeitig kein Vitamin-B_{12}-Mangel vorliegt.

Ab dem vierten Monat

Ab dem vierten Schwangerschaftsmonat steigt der Bedarf an Protein, Kalzium, Magnesium, Eisen, Jod, Zink und den meisten Vitaminen stark an, während der Mehrbedarf an Energie eher gering ist. Die zusätzlich benötigte Nahrungsenergie steigt tatsächlich nur um 250 Kilokalorien zusätzlich am Tag. Im letzten Drittel der Schwangerschaft sollten täglich 500 Kilokalorien zusätzlich aufgenommen werden. Es geht also nicht darum, »für zwei« zu essen, wie früher behauptet wurde. Ganz im Gegenteil sollten Sie solche Nahrungsmittel auswählen, die eine Versorgung mit den genannten Nährstoffen sicherstellen, ohne die Energieaufnahme wesentlich zu steigern – kurz, die mehr Inhalt, aber nicht wesentlich mehr Kalorien bringen. Essen Sie also nicht doppelt so viel, sondern doppelt so gut. Dies gelingt auf ganz hervorragende Weise mit allen Lebensmitteln mit hoher Nährstoffdichte, nämlich mit Vollkornprodukten, Nüssen, Samen, Obst und Gemüse – sprich: mit allem, was auf der Zutatenliste der vegetarischen Vollwertküche ohnehin ganz oben steht.

Ganz nebenbei bringen Sie Ihr Kind damit auch gleich auf den gesunden Geschmack. Feinschmecker bilden sich nämlich schon im Mutterleib! Denn das Ungeborene schluckt Flüssigkeit. Die Geschmacksknospen auf seiner Zunge lernen, Geschmacksrichtungen zu erkennen. Tatsächlich wurde festgestellt, dass schon Föten den süßen Geschmack mögen und die Vorliebe für Knoblauch, bestimmte Gewürze und andere Lebensmittel bereits vor der Geburt mitgeprägt werden. Vermutet wird, dass die entsprechenden Geschmacksstoffe aus dem mütterlichen Blut in das Fruchtwasser übergehen. Wenn Ihr Baby also Fruchtwasser schluckt und schmeckt, gewöhnt es sich an bestimmte Aromen und bildet schon vor der Geburt Vorlieben für diese Geschmacksrichtungen heraus – vielleicht mit ein Grund dafür, dass es auch später am besten »wie bei Muttern« schmeckt.

Einen interessanten Versuch unternahm man am *Monell Centre* in Philadelphia: Frauen, die während der Schwangerschaft regelmäßig Möhrensaft getrunken hatten, boten ihren Kindern sechs Monate nach der Geburt Brei mit oder ohne Möhrensaft an. Babys, die den Geschmack schon aus dem Mutterleib kannten, mochten den Brei mit Möhren deutlich lieber als den ohne.

Schon vor der Geburt erfährt Ihr Baby also etwas über die Geschmacksvorlieben in der Familie und der Kultur, in die es hineingeboren wird.

Keine Angst vor Übergewicht und Schwangerschaftsdiabetes

Im Hinblick auf das Körpergewicht bringen Vegetarierinnen und Veganerinnen meist einen großen Vorteil mit in die Schwangerschafts-Waagschale: Sie haben seltener Übergewicht.

Dass Menschen, die pflanzenbetont und dabei ausgewogen essen, im Durchschnitt schlanker sind als andere, die gern und oft Fleisch und vor allem Wurstwaren essen, weiß man schon lange. Gemüse, Früchte, Getreide und Nüsse enthalten mehr Ballaststoffe als tierische Lebensmittel; sie füllen den Magen und machen so schneller satt. Außerdem wirken sie sich positiv auf die Darmflora aus, deren Zusammensetzung vermutlich ebenfalls einen Einfluss auf das Körpergewicht hat. Bei gleichem Nahrungsvolumen werden mehr Nährstoffe und weniger Kalorien aufgenommen. Ein weiterer Vorteil: Wer überwiegend oder ausschließlich pflanzliche, möglichst wenig verarbeitete Lebensmittel verzehrt, nimmt zudem einen größeren Teil der Energie in Form von komplexen Kohlenhydraten auf, die den Blutzucker viel weniger stark ansteigen lassen als Fertigprodukte sowie süße Speisen und Gebäck und deshalb länger sättigen. Ein gesundes Körpergewicht ist bei einer pflanzenbasiert-vollwertigen Ernährung deshalb auch ganz ohne Diäten leichter zu erreichen; echtes Übergewicht ist seltener. Veganerinen müssen im Gegenteil eher darauf achten, ausreichend Kalorien zu sich zu nehmen.

Wer nicht nur pflanzlich, sondern auch vollwertig genießt, isst meist auch weniger süß und weniger fett, was wiederum der Mutter, aber auch dem Baby nutzt. Zu viel Süßes und zu viele gesättigte Fette im Essen können zu einem schwangerschaftsbedingten Diabetes mellitus führen. In der Schwangerschaft führen die hormonellen Veränderungen dazu, dass sich bei manchen Frauen, vor allem bei bestehendem Übergewicht und zuckerreicher Ernährung, eine Insulinresistenz entwickelt. Insulin sorgt normalerweise dafür, dass der Blutzucker in die Körperzellen transportiert wird. Ist dessen Wirkung herabgesetzt, bleibt der Zucker zu lange im Blut.

Bleibt die Stoffwechselstörung unentdeckt und ist der Blutzuckerspiegel während der Schwangerschaft dauerhaft zu hoch, hat dies kurz- und langfristig Folgen für Mutter und Kind. Das Risiko eines Harnwegsinfekts steigt, es kann zu Komplikationen kommen und eine Entbindung per Kaiserschnitt notwendig werden. Das Ungeborene muss vermehrt Insulin produzieren und legt bereits im Mutterleib deutlich an Gewicht zu. Die Babys kommen mit mehr als 4500 Gramm auf die Welt. Wird der Schwangerschaftsdiabetes nicht behandelt, ist die Wahrscheinlichkeit, dass die Kinder später übergewichtig werden, groß. Das Risiko, später ebenfalls an Diabetes mellitus zu erkranken, steigt ebenfalls.

Sollte bei Ihnen bei einer Routineuntersuchung ein Schwangerschaftsdiabetes festgestellt werden, kann durch bewusste Ernährung und ausreichend Bewegung gegengesteuert werden. Bei der Lebensmittelauswahl auf eine pflanzenbetonte vollwertige Ernährung zu achten, ist dann besonders wichtig. Eine Umstellung des Speiseplans und mehr Bewegung im Alltag helfen in vielen Fällen, die Blutzuckerwerte wieder in den Griff zu bekommen.

Interessant sind in diesem Zusammenhang auch die Leitlinien der nach dem Experten für Geburtshilfe und Pränatalmedizin der Universität Frankfurt, Prof. Dr. Frank Louwen, benannten »Louwen-Ernährung«. Schwangeren wird empfohlen, vor allem in den letzten sechs Wochen vor dem errechneten Geburtstermin, das heißt ab der 32. Schwangerschaftswoche, auf leicht verfügbare Kohlenhydrate (z. B. aus Weißmehl) möglichst ganz zu verzichten, weil sie den Insulinspiegel im Körper rapide in die Höhe treiben. Stattdessen wird zu komplexen Kohlenhydraten geraten, wie sie in Vollkornprodukten und unverarbeiteten pflanzlichen Lebensmitteln vorkommen. Sie gelangen viel langsamer ins Blut, sodass Spitzenwerte beim Blutzuckerspiegel vermieden werden. Dazu gehört auch der Rat, auf Zucker, Honig und andere Süßungsmittel ebenso wie auf konventionellen »Süßkram« in dieser Zeit möglichst ganz zu verzichten.

Der Grund für die Empfehlungen ist beim Gewebshormon Prostaglandin zu suchen, das im Körper unter anderem Entzündungs- und Schmerzreaktionen steuert und beim Geburtsvorgang für das Einsetzen der Wehen wichtig ist. Auch in der Zeit vor der Geburt ist es schon aktiv, unterstützt die Reifung des Muttermunds und macht sein Gewebe weicher. Um all dies bewirken zu können, muss das Prostaglandin an bestimmten Rezeptoren im Körper andocken, deren Bereitstellung ausgerechnet mit dem Insulinspiegel zusammenhängt. Gibt es zu viel Insulin im Körper, werden zu wenige Prostaglandin-Rezeptoren gebildet. Das Hormon kann dann nicht wirksam werden, der Gebärmutterhals ist weniger geschmeidig, die Geburt wird später ausgelöst. Ein Kaiserschnitt kann wahrscheinlicher, die Geburt schmerzhafter werden.

Die gute Nachricht: Mit einer pflanzenbetont-*vollwertigen* Ernährung liegen wir auch in dieser Hinsicht goldrichtig. Die Auswahl komplexer Kohlenhydrate ist einer der zentralen Bestandteile dieser Ernährungsweise, sie ist von sich aus weißmehl- und zuckerarm. Wir sind also auf dem richtigen Kurs!

Welche Gewichtszunahme ist normal?

Eine Gewichtszunahme während der Schwangerschaft von 9 bis 18 kg ist normal, 10 bis 16 kg gelten als gute Norm. Diese Zunahme erklärt sich nicht nur aus dem Gewicht des Kindes, der Plazenta, der mitwachsenden Gebärmutter und den vergrößerten Brüsten, sondern auch aus einer höheren Blutmenge, vermehrtem Körperwasser und etwa 1,5 bis 3,5 kg zusätzlichem Fett, das sich, wie Sie bald merken werden, an Hüften, Bauch und Oberschenkeln festsetzt. In den ersten vier Schwangerschaftsmonaten legt vor allem die Mutter an Gewicht zu. In der zweiten Schwangerschaftshälfte ist es der Fötus, der immer rasanter wächst. Außerdem vergrößert sich die Plazenta, und die Fruchtwassermenge steigt.

Doch keine Angst: Sie und Ihr Kind werden diese Reserven brauchen und *verbrauchen*. Eine kontinuierliche Gewichtszunahme während der Schwangerschaft ist von der Natur als Reservevorrat für die Stillzeit vorgesehen, und es wäre töricht, ja sogar gefährlich, dagegen anzugehen. Machen Sie sich jetzt keine Sorgen um Ihre Figur nach der Schwangerschaft. Es wird zwar ein bisschen dauern, aber mithilfe einer pflanzenbetonten Vollwerternährung werden Sie ohne jeden Diätstress zu gegebener Zeit wieder in Ihre Röcke und Hosen passen.

Abschied vom Schlankheitsideal und vom »Essen für zwei«

Übertriebene Sorge vor einer zu starken Gewichtszunahme ist in der Schwangerschaft ebenso wenig sinnvoll wie der Gedanke, dass Sie endlich hemmungslos futtern können. Wie so häufig, sollten Sie auch bei diesem Thema den »goldenen Mittelweg« suchen.

Eine Gewichtszunahme von 10 bis 16 Kilogramm ist normal. Frauen, die vor der Schwangerschaft untergewichtig waren, sollten kräftiger zulegen – 13 bis 18 Kilogramm werden empfohlen. Wer dagegen bereits übergewichtig ist, sollte im Verlauf der Schwangerschaft möglichst nicht mehr als 13 Kilogramm zunehmen. Eine Zunahme von 20 oder mehr Kilogramm ist sowohl für die Mutter als auch für das Baby gesundheitlich problematisch.

Wenn Sie sich abwechslungsreich und vollwertig ernähren, wird es Ihnen mühelos gelingen, das richtige Maß zu finden.

Gewöhnen Sie sich am besten jetzt schon an, nicht mit anderen Müttern in Wettbewerb zu treten. Vergleichen Sie sich daher möglichst nicht mit Schwangeren, die weniger oder mehr auf die Waage bringen. Eine gelassenere Einstellung wird Ihnen auch später, wenn die Babys anfangen, durchzuschlafen, zu sitzen oder zu krabbeln, helfen.

Deshalb wollen wir auch gar nicht erst anfangen, Kalorien zu zählen. Nur so viel: Werdende Mütter sollen im zweiten Schwangerschaftsdrittel täglich nur etwa 250 Kilokalorien mehr als sonst zu sich nehmen, im letzten Schwangerschaftsdrittel 500 Kilokalorien pro Tag mehr. Verglichen mit dem prozentualen Mehrbedarf an Vitaminen, Eisen oder Zink ist das nicht viel. Alles in allem kommt es also darauf an, dass Sie nicht viel mehr, sondern noch besser essen und sich für Lebensmittel mit einer hohen Nährstoffdichte entscheiden, die alle erforderlichen Inhaltsstoffe in sich haben. Auf diese Weise wird es Ihnen leicht gelingen, im Rahmen der empfohlenen Gewichtszunahme zu bleiben. Und das hat durchaus seinen Sinn. Frauen, die 20 Kilogramm und mehr zunehmen, erhöhen ihr Risiko für Schwangerschaftsdiabetes, Bluthochdruck und Geburtskomplikationen. Kinder von übergewichtigen Frauen, die auch in der Schwangerschaft noch kräftig zulegen, neigen außerdem später vermehrt zur Überernährung. Ihr Risiko für Übergewicht und Diabetes mellitus ist deutlich erhöht.

Rund und gesund: gut versorgt in der Schwangerschaft

Werdende Mütter essen für zwei, aber sie brauchen bei Weitem nicht das Doppelte. Der Kalorienbedarf ist nur leicht erhöht, gleichzeitig sollten aber reichlich Vitamine und Mineralstoffe aufgenommen werden. Wer sich vegetarisch oder vegan und dabei vollwertig ernährt, wählt meist automatisch häufiger Lebensmittel mit einer hohen Nährstoffdichte aus und schafft damit die besten Voraussetzungen, um Mutter und Kind bestens zu versorgen. Denn Vollkornprodukte, Hülsenfrüchte sowie frisches Gemüse und Obst stecken voller wertvoller Inhaltsstoffe, ihr Kaloriengehalt ist dabei aber nicht übermäßig hoch. Vielleicht werden Sie sich dennoch fragen, welche Nährstoffe Sie jetzt besonders brauchen und auf welche Lebensmittel Sie in der Schwangerschaft besser verzichten sollten? Konkrete Informationen sollen Ihnen helfen, sich jetzt bewusst und ausgewogen zu ernähren.

Proteine

Die wenigsten Sorgen sollte Ihnen die Abdeckung Ihres Proteinbedarfs bereiten. Die Ansicht, dass Vegetarierinnen und Veganerinnen nicht genug Eiweiß bekommen, ist so nicht haltbar. Die meisten Frauen, die sich vegetarisch oder vegan ernähren, sind gut versorgt. Problematisch wird die Versorgung aber dann, wenn die Kalorienzufuhr unzureichend ist und das Nahrungseiweiß vom Körper ebenfalls zur Energiegewinnung herangezogen wird. Veganerinnen sollten auf eine gute Energiebilanz achten.

Der Mehrbedarf während der Schwangerschaft lässt sich durch eine Betonung pflanzlicher Proteinträger (Linsen, Bohnen, Lupinen, Vollkornprodukte, grünes Gemüse, Nüsse und Samen) abdecken. Erdnussmus, Tahin (Sesammus), Hummus (Kichererbsenpaste), Mandelmus, Weizenkeime und alle Produkte aus Sojabohnen (Sojadrink, Sojajoghurt, Tofu, Brotaufstriche) sind weitere leckere Proteinquellen. Werden die verschiedenen Proteinquellen geschickt kombiniert, beispielsweise Vollkornnudeln mit Linsen, Reis mit Bohnen, Haferflocken mit Mandeldrink oder Vollkornbrot mit Erdnussmus, sind sie besonders wertvoll.

Falls Sie sie noch nicht kennen, sollten Sie unbedingt einmal die Körner der Quinoapflanze probieren, die mittlerweile nicht mehr nur in Reformhäusern, in Naturkostläden und in Weltläden, sondern auch in gut sortierten Supermärkten aus biologischem Anbau und fairem Handel erhältlich sind. Die Samen der traditionellen Kulturpflanze der Anden enthalten mehr Eiweiß als die vergleichbarer Pflanzen und ihre Zusammensetzung ist besonders hochwertig. Die kleinen hirseähnlichen Körner lassen sich wie Reis zubereiten und schmecken salzig wie süß gleichermaßen gut. Im Rezeptteil finden Sie Beispiele für ihre Verwendung.

Fette

Beim Fett gibt es während der Schwangerschaft mengenmäßig keine wesentliche Bedarfserhöhung. Besonders wichtig ist aber gerade jetzt, auf die Qualität des verwendeten Fettes zu achten: Weniger gesättigte Fettsäuren aus tierischen Lebensmitteln, weniger Trans-Fettsäuren aus gehärteten Fetten und Fertigprodukten und mehr wertvolle ungesättigte Fettsäuren, vor allem Omega-3-Fettsäuren, sollten aufgenommen werden.

Mit einer vegetarischen oder veganen Ernährung ist die Versorgung mit lebensnotwendigen Omega-3-Fettsäuren wie der Alpha-Linolensäure leicht umsetzbar. Pflanzenöle, Nüsse und Lein- oder Chiasamen sowie Avocados sind gute Quellen. Wegen der qualitativ hochwertigen Zusammensetzung sind Lein-, Raps- und Walnussöl besonders empfehlenswert. Damit Sie geschmacklich variieren können, sollten Sie stets ein zweites Öl geöffnet halten. Praktisch sind kleine Flaschen mit weiteren schmackhaften Spezialitäten wie Hanf-, Kürbiskern- oder Chiaöl. In jedem Fall am besten sind natürlich kalt gepresste (native) Öle aus kontrolliert biologischem Anbau.

Die Alpha-Linolensäure kann im Körper zu Docosahexaensäure (DHA) und Eicosapentaensäure (EPA) umgewandelt werden, allerdings nur in sehr begrenztem Maße. Deshalb ist für DHA und EPA eine ausreichende Zufuhr lebensnotwendig, besonders in der Schwangerschaft.

DHA spielt bei der Entwicklung des Gehirns und der Netzhaut des Kindes eine wichtige Rolle und soll bei der Mutter das Risiko für eine Wochenbettdepression verringern. Die Deutsche Gesellschaft für Ernährung (DGE) empfiehlt Schwangeren, täglich 200 mg DHA aufzunehmen. Zusammen mit EPA soll DHA außerdem das Risiko für Lebensmittelallergien, Asthma und Neurodermitis bei den Kindern verringern. Da beide mehrfach ungesättigten Fettsäuren vor allem in tierischen Produkten wie Lachs oder Hering vorkommen, ist eine gezielte Ergänzung empfehlenswert. Gute Quellen sind Lein- und Olivenöle, die mit Mikroalgen angereichert wurden. Als Nahrungsergänzung sind bestimmte Mikroalgen, die in Kapselform angeboten werden, geeignet. Lassen Sie sich dazu kompetent beraten, damit Sie und Ihr Kind möglichst gut versorgt sind.

Kohlenhydrate

Wichtigste Energielieferanten sollten auch in der Schwangerschaft die Kohlenhydrate sein, sie sollten etwa 50 Prozent des täglichen Energiebedarfs decken. Warum dies überwiegend komplexe Kohlenhydrate sein sollten – Vollkorn statt Weißmehl! –, haben wir bereits ausführlich besprochen. Kohlenhydratreiche Lebensmittel wie Vollkornprodukte, Kartoffeln und Hülsenfrüchte liefern nebenbei wertvolle Ballaststoffe, Mineralstoffe und Vitamine und entsprechen in besonderem Maße der Forderung nach einer hohen Nährstoffdichte. Vollkornbrot, Vollkornnudeln, Getreide wie Vollkornreis, Hirse oder Dinkel, Pseudogetreide wie Quinoa oder Amarant sowie Kartoffeln sollten bei allen Ihren Gerichten neben Gemüse und Obst die Hauptzutaten sein. Probieren Sie als Zwischenmahlzeit ein trockenes Vollkornbrötchen oder Vollkorn-Rosinen-Brötchen, und wenn Besuch kommt oder es einfach mal etwas Süßes sein muss, greifen Sie statt zu Windbeuteln oder Sahnetorte lieber zu einem Stück Vollkornkuchen oder einer Handvoll Studentenfutter. Komplexe Kohlenhydrate »sickern« ins Blut, sorgen so für eine gute Energieversorgung über einen längeren Zeitraum und einen stabilen Blutzuckerspiegel. Sie machen nicht dick, sondern richtig satt, und liefern genau die Energie, die Sie brauchen, ohne Ihren Organismus zu sehr zu belasten.

Vitamine

Vitamine werden allgemein in wasserlösliche und fettlösliche Vitamine unterteilt. Die wasserlöslichen Vitamine, darunter Vitamin C, die Vitamine B_1, B_2, B_6 und Folsäure, können nicht lange im Körper gespeichert werden und müssen jeden Tag aufs Neue mit der Nahrung aufgenommen werden. Für das ebenfalls wasserlösliche Vitamin B_{12} kann der Körper für begrenzte Zeit einen kleinen Vorrat anlegen, eine ausreichende Zufuhr ist aber dennoch unabdingbar, gerade in der Schwangerschaft.

Zu den fettlöslichen Vitaminen, die vom Körper gespeichert werden können und deshalb nicht täglich, aber dennoch ausreichend aufgenommen werden müssen, gehören die Vitamine A, D und E.

Während der Schwangerschaft besteht ein Mehrbedarf an den wasserlöslichen Vitaminen C, B_1, B_2, B_6, B_{12}, Folsäure und Niacin sowie bei den fettlöslichen Vitaminen A, E und D.

Vitamin C ist ein sogenannter Radikalenfänger; es regt die Immunabwehr an und sorgt für gesunde Haut, Knochen und Zähne. Es fördert die Wundheilung, stärkt das Bindegewebe und fördert die Geschmeidigkeit des Gewebes und der Blutgefäße. Außerdem unterstützt es die Aufnahme von Eisen und ist deshalb für vegetarisch oder vegan lebende Menschen sowie in der Schwangerschaft ganz besonders wichtig. Vitamin C findet sich reichlich in frischem Obst und Gemüse. Besonders viel Vitamin C enthalten Paprika, grünes Gemüse wie Brokkoli und Grünkohl, Hagebutten, Sanddorn, Schwarze Johannisbeeren, Erdbeeren, Äpfel und Kartoffeln und Südfrüchte wie Zitrusfrüchte, Mangos und Kiwis. Die ausreichende Versorgung mit Vitamin C ist für Vegetarierinnen und Veganerinnen in der Regel kein Problem.

Vitamin B_1 spielt beim Kohlenhydratstoffwechsel eine wichtige Rolle und fördert Nerven- und Muskelfunktionen. Der Bedarf an Vitamin B_1 ist in der Schwangerschaft erhöht. Wer bevorzugt Vollkornprodukte, Vollkornreis, Hülsenfrüchte (vor allem Sojabohnen) und Kartoffeln isst, nimmt spielend genug Vitamin B_1 zu sich. Weitere gute Quellen sind Hefeflocken und Weizenkeime. Auch Erdnüsse, Sonnenblumenkerne und Sesam liefern nennenswerte Mengen.

Vitamin B_2 ist am Fett-, Eiweiß- und Kohlenhydratstoffwechsel beteiligt und schützt die Sehkraft. Bei Vegetarierinnen, die in Maßen auch Milchprodukte und Eier zu sich nehmen, ist die Versorgung kein Problem. Veganerinnen sollten sich verstärkt an die pflanzlichen Quellen halten. Dies sind vor allem: Vollkornprodukte, Nüsse, Mandeln, Cashewkerne, Ölsaaten und Hülsenfrüchte. Auch Pilze wie Champignons und Avocados, Brokkoli, Spinat, Grünkohl, Rosenkohl und Spargel liefern Vitamin B_2. Als Ergänzung können Weizenkeime und Hefeflocken verwendet werden. Frauen, die vor der Schwangerschaft längere Zeit die Pille genommen haben, sollten bevorzugt zu Nahrungsmitteln mit viel Vitamin B_2

Frisches Obst enthält wertvolle Vitamine und sekundäre Pflanzenstoffe. Wichtig sind aber auch andere pflanzliche Vitaminquellen wie Getreide, Hülsenfrüchte und Pflanzenöle.

greifen, da bei ihnen eine gewisse Neigung zu einem Mangel besteht. Eine Unterversorgung kann in der Schwangerschaft die Entwicklung des Embryos stören und wirkt sich bereits in der Schwangerschaft auf den Vitamin-B_2-Gehalt der Muttermilch aus.

Mit dem am Eiweißstoffwechsel beteiligten und die körpereigene Abwehr stärkenden **Vitamin B_6** sind Vegetarierinnen und Veganerinnen meist gut versorgt. Gute Quellen sind Vollkornreis, Hirse, Nüsse, Kohlgemüse, grüne Bohnen, Linsen, Kartoffeln, Feldsalat, Avocado, Bananen, Honigmelonen und Weizenkeime. Wenn Sie in der Schwangerschaft an Übelkeit und Erbrechen leiden, sollten Sie sich besonders an diese Nahrungsmittel halten, da eine gute Versorgung mit Vitamin B_6 diese Beschwerden lindern kann.

In der Schwangerschaft ist eine gute Versorgung mit **Vitamin B_{12}** besonders wichtig. Das Vitamin sorgt für die Blutbildung, hilft beim Aufbau des Nervensystems und trägt zum allgemeinen Wohlbefinden bei. In der Diskussion um die vegetarische und vor allem vegane Ernährung spielt dieses Vitamin oft eine große Rolle, da es fast nur in Nahrungsmitteln tierischen Ursprungs vorkommt. Weil Vitamin B_{12} im Körper gespeichert wird und außerdem »recycelt« werden kann, treten Mangelerscheinungen nicht sofort auf. Wenn man aber über längere Zeit auf alle Nahrungsmittel tierischen Ursprungs (also auch auf Eier und Milchprodukte) verzichtet, kann die unzureichende Versorgung doch zu schwerwiegenden Störungen wie Blutarmut, neurologischen Veränderungen oder psychischen Symptomen wie Depressionen oder Psychosen führen. Beim ungeborenen Kind kann ein Vitamin-B_{12}-Mangel den gesunden Aufbau der Nervenzellen und die Gehirnentwicklung negativ beeinflussen, Schwangerschaftskomplikationen und Fehlgeburten treten häufiger auf. Und auch nach der Geburt führt ein Mangel bei gestillten Kindern zu schwerwiegenden Problemen. Wachstums- und Entwicklungsstörungen können die Folge sein.

Wer Eier und vor allem Milchprodukte verzehrt, braucht sich um die Versorgung mit Vitamin B_{12} meist keine Sorgen zu machen. Schwangere sollten aber dennoch zur Sicherheit den B_{12}-Wert ärztlich überprüfen lassen, gerade jetzt auf eine ausreichende Zufuhr achten und im Bedarfsfall unbedingt Vitamin B_{12} ergänzen. Alle Veganerinnen müssen ein Vitamin-B_{12}-Präparat (Tabletten oder Tropfen aus der Apotheke) nehmen und können zusätzlich mit angereicherten Lebensmitteln oder Zahnpasta den Vitamin-B_{12}-Speicher weiter auffüllen. Bei Kinderwunsch sollte bereits vor der Schwangerschaft sichergestellt werden, dass kein Vitamin-B_{12}-Mangel vorliegt. Gegebenenfalls kann er vorab gezielt behandelt werden.

Vitamin A ist wichtig für die Abwehrkraft gegen Infektionen und fördert die Entwicklung der Zellen, Knochen, Zähne und der Sehkraft. Der Radikalenfänger Beta-Karotin ist die Vorstufe, also das »Provitamin«, aus dem der Körper selbst Vitamin A herstellen kann. In dieser Form liegt das Vitamin in pflanzlichen Nahrungsmitteln vor. Gute Quellen sind (für Vegetarierinnen) Käse, Butter und Eier sowie (für Vegetarierinnen und Veganerinnen) grünes, oranges und rotes Gemüse wie Möhren, Paprika, Grünkohl, Feldsalat, Wirsing, Brokkoli, Mangold und Spinat, Rote Bete und Obst wie Mangos, Sauerkirschen und frische oder getrocknete Aprikosen. Geringe Mengen Fett in Form eines guten Pflanzenöls verbessern die Aufnahme des Karotins. Eine Überdosierung durch Präparate kann die Gesundheit des Kindes schädigen, eine Nahrungsergänzung ist deshalb weder notwendig noch empfehlenswert.

Vitamin D regelt den Kalzium- und Phosphathaushalt, ist an der Bildung von Knochen und Zähnen beteiligt und trägt zu einer normalen Funktion des Immunsystems bei. Der Vitamin-D-Gehalt ist in den meisten Lebensmitteln gering, weshalb die Versorgung in der gesamten Bevölkerung problematisch sein kann. Vitamin D muss aber nicht unbedingt mit der Nahrung aufgenommen werden. Unter

Einwirkung von UV-Licht ist der Körper in der Lage, das Vitamin selbst herzustellen – ein weiterer Grund dafür, sich oft im Freien aufzuhalten. Machen Sie jeden Tag einen mindestens halbstündigen Spaziergang und lassen Sie dabei fünfzehn bis dreißig Minuten die Haut ohne Sonnenschutzmittel von der Sonne bescheinen. In den eher sonnenarmen Monaten (Oktober bis März) wird eine Ergänzung von 20 µg (800 I.E.) Vitamin D_3 pro Tag in Form eines Nahrungsergänzungsmittels empfohlen.

Vitamin E fördert die Durchblutung und schützt die Zellen vor freien Radikalen und Umweltgiften. Es kommt besonders in nativen Pflanzenölen (z. B. Weizenkeim-, Sonnenblumen-, Distel- und Rapsöl), Nüssen und Ölsaaten sowie in Getreide und Vollkornprodukten sowie in Weizenkeimen vor. Die Vitamin-E-Versorgung liegt bei Vegetarierinnen und Veganerinnen meist höher als bei der Durchschnittsbevölkerung. Auch die Deckung eines Mehrbedarfs ist bei einer vollwertigen Ernährung kein Problem.

Mineralstoffe

Die Versorgung mit Vitaminen ist also für schwangere Vegetarierinnen unter Einhaltung gewisser Regeln meist ein Kinderspiel. Veganerinnen müssen besonders auf kritische Nährstoffe achten. Wie aber sieht es mit Mineralstoffen und Spurenelementen aus?

Kalzium wird für die Bildung von Knochen und Zähnen, eine optimale Blutgerinnung und die Signalübertragung zwischen den Nervenzellen gebraucht. Es hilft bei der Nutzung von Eisen und bei der Regulation der Nährstoffversorgung der Zellen. Der Bedarf an Kalzium ist während der Schwangerschaft stark erhöht, denn schließlich muss sich in dieser Zeit das Skelett des Kindes herausbilden. Schwangeren Frauen wird deshalb empfohlen, pro Tag 1000 Milligramm Kalzium mit der Nahrung aufzunehmen. Insgesamt werden im Laufe der Schwangerschaft etwa 30 Gramm Kalzium an das Kind abgegeben. Nimmt die Mutter zu wenig Kalzium auf, greift der Körper auf das mütterliche Knochengewebe und die Zähne zurück. In dem Fall können die mütterlichen Knochen demineralisiert und die Zähne geschädigt werden. Das alte Sprichwort »Jedes Kind ein Zahn« hat hier seinen Ursprung. Lassen Sie sich aber davon nicht erschrecken. Heute kennen wir die Zusammenhänge und können ganz gezielt dagegenhalten.

Außerdem ist die Resorptionsrate für Kalzium in der Schwangerschaft deutlich erhöht, d. h., aus derselben mit der Nahrung aufgenommenen Menge wird vom Körper mehr Kalzium gewonnen. Die Plazenta selbst bildet einen Stoff, der die Kalziumaufnahme verbessert. Vielen Vegetarierinnen scheint es am einfachsten, den Bedarf durch Milchprodukte zu decken. Milch oder Buttermilch, Hart- und Schnittkäse bieten sich an. Quark und Sauermilchkäse wie Harzer und Handkäse kommen dagegen weniger in Frage, da ein Großteil des Kalziums bei der Herstellung in die Molke übergeht.

Als Milch-Alternative für Veganerinnen, aber auch für Vegetarierinnen, die keine Milch vertragen oder verwenden mögen, bietet sich z. B. ein mit Kalzium angereicherter Pflanzendrink (beim Einkauf auf den Zusatz achten) an.

Weitere gute pflanzliche Kalziumquellen sind Haselnüsse, Mandeln, Grünkohl, Spinat, Mangold und andere grüne Blattgemüse, Brokkoli, Sojabohnen und andere Hülsenfrüchte, getrocknete Feigen und Datteln, Sonnenblumenkerne, Sesamsamen und Tahin (Sesammus). Auch Tofu kann eine gute Kalziumquelle sein, vor allem, wenn er mit Kalziumsulfat hergestellt wurde (es lohnt sich, die Zutatenliste zu studieren und im Zweifelsfall nachzufragen).

Zusätzlich können Sie mit kalziumreichem Mineralwasser Ihre Kalziumversorgung verbessern. Schauen Sie aufs Etikett und wählen Sie Mineralwässer mit über 200 mg Kalzium pro Liter aus.

Vor der Einnahme freiverkäuflicher Kalziumpräparate auf bloßen Verdacht hin muss dringend gewarnt werden, da ein künstliches Kalziumüberangebot im Körper zu einer Aktivierung der glatten Muskulatur im Körper und damit zu Gebärmutterkontraktionen und Frühgeburten führen kann. Gezielte Nahrungsergänzung kann bei niedriger Kalziumzufuhr sinnvoll sein, lassen Sie sich dazu aber kompetent beraten.

Die als mildes Abführmittel so beliebte Kleie hemmt die Kalziumresorption und sollte deshalb lieber nicht zum Einsatz kommen. Die vegetarische Vollwertkost ist ohnehin so ballaststoffreich, dass zusätzliche Kleie gar nicht benötigt wird.

Magnesium hat eine wichtige Funktion im Eiweiß- und Kohlenhydratstoffwechsel, aktiviert viele Enzyme, ist für die Blutgerinnung und die Knochenbildung wichtig und unterstützt die Funktionen der Zellen im Nerven- und Muskelsystem. Auch bei diesem Mineralstoff besteht in der Schwangerschaft ein deutlicher Mehrbedarf. Vor allem, wenn Sie unter nächtlichen Wadenkrämpfen und unruhigen Beinen leiden, sollten Sie verstärkt zu natürlichen Magnesiumquellen greifen. Dies sind alle Vollkornprodukte, Kartoffeln, viele Gemüsearten, Hülsenfrüchte wie Linsen und Sojabohnen, Ölsamen, Nüsse sowie Aprikosen, Bananen und Beerenobst. Da all diese Nahrungsmittel bei Vegetarierinnen und Veganerinnen ohnehin häufiger auf dem Speiseplan stehen, ist die ausreichende Versorgung mit Magnesium auch in der Schwangerschaft meist kein Problem – im Gegenteil, sie sind oft besser mit Magnesium versorgt als Mischköstlerinnen. Magnesiumpräparate sind deshalb überflüssig – es sei denn, sie werden zur Prophylaxe gegen vorzei-

Trockenfrüchte und Nüsse: Für eine leckere Extraportion an Mineralstoffen wie Kalzium und Magnesium gibt es vom Frühstück bis zum abendlichen Snack viele Gelegenheiten.

tige Wehen ärztlicherseits verschrieben. Dann sollten Sie das verordnete Präparat natürlich unbedingt auch einnehmen.

Darüber hinaus sind Mineralwässer, die mehr als 100 Milligramm Magnesium pro Liter enthalten, empfehlenswert.

Natrium ist an der Regulation des Wasserhaushaltes, des Säure-Basen-Gleichgewichtes und der Nerven- und Muskelerregbarkeit beteiligt. Schwangere nehmen über Kochsalz und damit gewürzte Lebensmittel meist ausreichend Natrium auf, zum Teil sogar mehr als die empfohlene Menge pro Tag (5 Gramm Kochsalz pro Tag). Dennoch ist es nicht sinnvoll, den Salzkonsum während der Schwangerschaft, beispielsweise aus Angst vor Bluthochdruck, einzuschränken. Ein Salzverzicht hat nach neueren Erkenntnissen keinen Einfluss auf den Blutdruck der Schwangeren, eine salzarme Ernährung kann sich dagegen negativ auswirken. Natriummangel kann dazu führen, dass vermehrt Wasser und wichtige Mineralstoffe wie Magnesium ausgeschieden werden. Schwangere sollten daher ihren normalen Salzkonsum beibehalten und nicht versuchen, natriumarm zu essen und zu trinken.

Von den **Spurenelementen** besteht für Schwangere vor allem bei Eisen, Phosphor, Zink und Jod ein Mehrbedarf. Auf das äußerst wichtige **Eisen** wollen wir im anschließenden Kapitel gesondert eingehen.

Phosphor hat für den Stoffwechsel der Zellen große Bedeutung und ist zusammen mit Kalzium ein wichtiger Bestandteil der Knochen und Zähne. Da Phosphor so gut wie in jedem Lebensmittel enthalten ist, ist es für Schwangere kein Problem, den erhöhten Phosphorbedarf zu decken. Viel wahrscheinlicher ist dagegen eine

Klein, aber voller Inhaltsstoffe: Leinsamen, Sesam oder Chiasamen schmecken im Müsli oder im Gebäck. Besonders Sesamsamen, auch als Mus, sind vielfältig zu verwenden.

zu hohe Phosphoraufnahme, die bei gleichzeitig geringer Kalziumzufuhr negative Folgen hat. Phosphate werden als Zusatzstoffe in vielen Lebensmitteln eingesetzt, beispielsweise bei der Herstellung von Wurst, Schmelzkäse oder Colagetränken. Besonders viel Phosphat findet sich in Fast Food wie Hamburgern und Bratwürstchen. Da diese ohnehin wenig Kalzium enthalten, drohen Fast-Food-Fans besonders leicht negative Auswirkungen auf die Knochendichte. Vegetarierinnen und Veganerinnen, die um Softdrinks und Schnellrestaurants einen großen Bogen machen, sind auch in dieser Hinsicht wieder einmal gut beraten.

Zink wird für die Zellteilung und Zellerneuerung, für das Immunsystem sowie die Entwicklung der Fortpflanzungsorgane gebraucht. Bei der Versorgung mit Zink können auch bei schwangeren Vegetarierinnen und Veganerinnen Engpässe auftreten, deshalb sollten Sie zur Deckung des Mehrbedarfs möglichst oft zinkreiche Lebensmittel verwenden. Zink findet sich in allen Getreidearten, Hülsenfrüchten (vor allem Sojabohnen), Nüssen, Sonnenblumen- und Kürbiskernen, Mandeln, Leinsamen, Sesamsamen und Sesammus (Tahin). Einweichen und Keimen verbessern die Verwertbarkeit des Zinks, deshalb sind Sprossen empfehlenswert – ebenso wie Vollkornbrot aus Sauerteig.

Algen – weniger ist mehr

Meeres-Algen können frisch oder in getrockneter Form unseren Speisezettel bereichern. Sie sind nicht nur schmackhaft, sondern auch gesund, denn sie liefern reichlich Vitamine, Mineralstoffe und bioaktive Substanzen. Bitte achten Sie auf Bio-Qualität und darauf, dass der Jodgehalt sowie die maximal täglich empfohlene Verzehrmenge genannt sind.

Das Meeres-Gemüse enthält reichlich Jod, das macht Algen in einem Jodmangelgebiet als Ergänzungsmöglichkeit besonders interessant. Doch die Unterschiede im Jodgehalt sind je nach Algenart beträchtlich. Die Werte können zudem extrem schwanken und sind nicht selten viel zu hoch.

Bei Nori-Algen und Meereslattich ist der gelegentliche Verzehr unbedenklich. Sie haben einen relativ geringen Jodgehalt, eine Überdosierung ist deshalb unwahrscheinlich.

Die stark jodhaltigen Braunalgen Kombu oder Arame sollten dagegen möglichst nicht gegessen werden. Der Jodgehalt schwankt stark, die empfohlene Jodzufuhr kann daher schnell überschritten werden.

Bei Schilddrüsenüberfunktion oder -unterfunktion ist besondere Vorsicht geboten, hier sollte möglichst auf Algen verzichtet werden.

Bei der Verarbeitung der Lebensmittel bleibt Zink oft auf der Strecke, beispielsweise kommt es beim Vermahlen des Getreides zu Weißmehl oder beim Polieren von Reis zu hohen Verlusten. Wer sich nicht nur vegetarisch oder vegan, sondern auch vollwertig ernährt, kann daher auch bei der Zinkversorgung punkten.

Die ausreichende Versorgung mit **Jod** ist hierzulande für alle Menschen ein Problem, da wir in einem Jodmangelgebiet leben. Veganerinnen sollten besonders auf eine ausreichende Zufuhr achten. Bei Vegetarierinnen, die Milchprodukte essen, gibt es keinen Unterschied zu Mischköstlerinnen. Jodmangel kann die Gehirnentwicklung des Kindes stören und beim Neugeborenen zu einer angeborenen Schilddrüsenunterfunktion führen. Dem können Schwangere gezielt entgegenwirken. Mit einer Einnahme von Jodtabletten (100 – 150 µg pro Tag) zusätzlich zur Ernährung sind sie auf der sicheren Seite. Grundsätzlich ist zu empfehlen, mit jodhaltigen Algen angereichertes Meersalz oder jodiertes Speisesalz zu verwenden und bei Grundnahrungsmitteln wie Brot darauf zu achten, dass sie mit einem jodhaltigen Salz hergestellt wurden. Meeresalgen mit einem moderaten Jodgehalt, zum Beispiel Nori, können ebenfalls zu einer guten Jodversorgung beitragen. Probieren Sie außerdem das leckere Gericht mit Nori-Algen im Rezeptteil.

Kritische Nährstoffe

Insbesondere in der Schwangerschaft sollte auf eine ausreichende Zufuhr der Vitamine A, B_2, D, B_6, B_{12} und Folsäure, der Mineralstoffe Eisen, Kalzium, Magnesium, Jod und Zink sowie der langkettigen Omega-3-Fettsäure DHA geachtet werden.

Veganerinnen werden in der Schwangerschaft folgende Nahrungsergänzungsmittel empfohlen:

- 10 – 50 Mikrogramm (µg) Vitamin B_{12}/Tag
- 200 mg DHA/Tag über angereichertes Lein- oder Olivenöl

Unabhängig von der Ernährungsform werden allen Schwangeren empfohlen:

- vor Beginn und bis zum Ende der ersten drei Monate der Schwangerschaft 400 µg Folsäure/Tag
- 100 – 150 µg Jod/Tag neben der Verwendung von Jodsalz
- in den Monaten Oktober bis März 20 µg (800 IE) Vitamin D_3/Tag

Gute Lebensmittel auswählen

Wenn Sie es bisher noch nicht getan haben, sollten Sie spätestens jetzt darüber nachdenken, woher Ihre Nahrungsmittel eigentlich kommen und wie sie auf dem Weg zu Ihnen möglicherweise behandelt wurden. Viele werdende Mütter machen sich Sorgen über die Schadstoff- und Pestizidbelastung der Nahrungsmittel, die sie täglich zu sich nehmen, manche finden jetzt vielleicht zum ersten Mal den Weg in einen Naturkostladen. Die Entscheidung für eine fleischfreie Kost ist der erste Schritt dazu, die Schadstoffaufnahme zu reduzieren. Fleisch ist von allen Lebensmittelgruppen am meisten belastet, weil die Tiere durch die lange Nahrungskette zahlreiche Umweltgifte aufnehmen und außerdem durch die beklagenswerte Verbreitung der industrialisierten Tierhaltung mit Medikamenten wie Antibiotika behandelt werden, die bis zu dem Zeitpunkt, an dem die Hähnchenbrust auf dem Teller landet, längst noch nicht abgebaut sind.

Lebensmittel pflanzlichen Ursprungs sind also von großem Vorteil, aber natürlich können auch sie mit Pestiziden und Mitteln zur Haltbarmachung traktiert worden sein. Grundsätzlich ist es immer vorteilhaft, regional erzeugte Lebensmittel der jeweiligen Saison zu verwenden, denn was weniger lange transportiert und gelagert wird, muss nicht erst künstlich aufgepeppt und haltbar gemacht werden. Versuchen Sie deshalb, sich beim Obst- und Gemüsekauf zumindest grob am Angebot der Jahreszeit auszurichten. Auch Ihre Geschmacksknospen werden es Ihnen danken – wer einmal das intensive Aroma einer erntefrischen Tomate gekostet hat, kann auf die wässrigen Treibhaustomaten gut verzichten. Obst und Gemüse aus der Region haben mehr Zeit zu reifen, Aromastoffe und wertvolle Vitamine können sich daher besser entwickeln.

Greifen Sie so oft wie möglich auf Lebensmittel aus kontrolliert biologischem Anbau zurück. Sie sind rückstandsarm, frei von gentechnisch veränderten Zutaten und reich an wertvollen Inhaltsstoffen wie Vitaminen oder sekundären Pflanzenstoffen. Mit Bio-Lebensmitteln tun Sie nicht nur sich und Ihrem Baby etwas Gutes, Sie unterstützen auch vernünftige Anbaumethoden, die das Klima schonen, den Boden nicht auslaugen und der Verseuchung unseres Trinkwassers mit Gülle- und Pestizidresten entgegenwirken. Kürzere Transportwege sparen außerdem jede Menge LKW-Kilometer und Benzin und sind auch deshalb weniger klimaschädlich. Schauen Sie sich deshalb regelmäßig auch auf einem Wochenmarkt in Ihrer Nähe nach Obst und Gemüse aus Ihrer Region um oder abonnieren Sie eine »Biokiste«.

Seien Sie andererseits aber auch nicht allzu streng mit sich. Schließlich wollen Sie in erster Linie neue Genüsse hinzugewinnen und nicht wichtigen Genüssen entsagen.

Verschiedene Quellen für Bio-Lebensmittel

Auf viele wirkt der höhere Preis von Bio-Produkten abschreckend, und das ist sehr verständlich, vor allem, wenn man ohnehin eher knapp bei Kasse ist. Vielleicht können Sie sich aber auch einer Einkaufs-Kooperative (»Food-Coop«) in Ihrer Nähe anschließen, die größere Mengen von Bio-Lebensmitteln billiger bezieht, oder es gibt einen Biobauernhof mit Wochenmarktstand oder Hofladen in Ihrer Nähe oder einen solidarischen Landwirtschaftsbetrieb, bei dem Sie zur Stammkundin werden könnten.

Schließlich kann ein eigenes Stückchen Garten eine wunderbare Quelle biologisch angebauter Nahrungsmittel sein. Dabei kommt es nicht auf die Größe und schon gar nicht auf die Schönheit an. Je weiter die Schwangerschaft fortschreitet, desto mühsamer wird die Gartenarbeit, deshalb sollten wir uns nicht von irgendwelchen gestalterischen Ansprüchen unter Druck setzen lassen. Aber jeder selbst geerntete Salatkopf, jedes frische Bund aus dem eigenen Kräuterbeet, jede Tomate aus dem Kübel auf dem Balkon schmeckt tausendmal besser als das gekaufte Pendant, und Dinge wachsen, blühen und reifen zu sehen, fügt sich auf wunderbare Weise in die Grundstimmung der Schwangerschaft ein. Später ist dann der Kinderwagen dabei, während Sie in Beeten, Kübeln oder Kästen pusseln und gemeinsam Frischluft schnappen, und ein Jahr später tapst Ihr Baby über den frisch gekeimten Spinat …

Richtig trinken

Neben dem bewussten Essen ist das richtige Trinken für Schwangere sehr wichtig. Schließlich vollbringt der weibliche Körper in dieser Zeit wahre Höchstleistungen und sollte deshalb auch ausreichend mit Flüssigkeit versorgt werden.

Während der Schwangerschaft erweitern sich die Blutgefäße. Herz, Nieren und andere Organe werden stärker durchblutet. Das Volumen des Blutes und des Körperwassers steigt, das Blut wird so dünnflüssiger und kann besser fließen. Dadurch werden die Gebärmutter und die Plazenta stark durchblutet – eine wichtige Voraussetzung dafür, dass das Ungeborene ausreichend mit Sauerstoff und Nährstoffen versorgt wird. Das strahlende Aussehen vieler Schwangeren ist ebenfalls auf die bessere Durchblutung zurückzuführen. Denn im Bindegewebe sammelt sich mehr Wasser an. Die Haut wird dadurch rosiger, kleine Fältchen werden geglättet.

Da der Stoffwechsel neun Monate lang auf Hochtouren arbeitet, müssen auch mehr Abfallprodukte ausgeschieden werden, hinzukommen die Stoffwechselausscheidungen des Kindes – dafür muss genügend Wasser vorhanden sein. Auch wenn Sie dadurch häufiger zur Toilette müssen, sollten Sie Ihren Getränkekonsum nicht einschränken. Das ist ausgesprochen gut für Nieren und Blase!

Außerdem schwitzen viele Schwangere mehr, und dieser Flüssigkeitsverlust muss wieder ausgeglichen werden. Besonders Frauen, die unter Schwangerschaftsübelkeit leiden und sich daher häufig erbrechen müssen, sollten darauf achten, dass sie ausreichend trinken.

Leider gewöhnen sich besonders Frauen im Laufe des Erwachsenwerdens regelrecht ab, ausreichend zu trinken. Dagegen hilft nur, sich mit kleinen Tricks das richtige Trinken wieder anzugewöhnen. Eineinhalb bis zwei Liter täglich sollten es schon sein, später in der Stillzeit steigt der Bedarf noch zusätzlich. Auch daher ist es gut, wenn Sie es sich schon jetzt zur Gewohnheit machen, zu trinken, bevor der Durst kommt – denn dann liegt bereits ein Flüssigkeitsmangel vor.

Am besten geeignet sind Wasser, Kräuter- und Früchtetees, Roibuschtee und Saftschorlen. Milch, Pflanzendrinks und unverdünnte Frucht- und Gemüsesäfte sind als kleine Zwischenmahlzeit geeignet, als Durstlöscher aber zu gehaltvoll.

Suchen Sie sich aus den empfehlenswerten Getränken diejenigen aus, die Ihnen am besten schmecken und bekommen. Sie werden nur dann reichlich trinken, wenn die Flüssigkeit mit Genuss durch die Kehle rinnt. Sorgen Sie außerdem für Abwechslung. Auch das motiviert, mehr zu trinken, und trägt dazu bei, rundum gut versorgt zu sein.

Wenn Sie gerne Kräutertees trinken, sollten Sie sich immer mal wieder eine andere Kräutersorte aufbrühen. Grundsätzlich können Sie alle handelsüblichen Kräutertees trinken. Bei manchen Kräutern, beispielsweise Fenchel, Anis oder Zitronengras, sollte der Konsum aber auf zwei bis drei Tassen (Inhalt 250 ml) am Tag beschränkt werden. Einige Kräuter beeinflussen den Stoffwechsel, wenn sie über einen längeren Zeitraum und in größeren Mengen getrunken werden. Dies ist z. B. auch bei Süßholzwurzeltee der Fall, den Schwangere nicht in größeren Mengen pur trinken sollten. In Kräuterteemischungen ist der Süßholzanteil meist sehr gering und daher unbedenklich.

Gegen Ende der Schwangerschaft wird empfohlen, Himbeerblättertee zu trinken, um die Geburt zu erleichtern. Da die Himbeerblätter die Muskulatur des Beckens auflockern und dadurch auf die Gebärmutter stimulierend wirken, sollten sie jedoch nicht vor der 37. Schwangerschaftswoche verwendet werden. Trinken Sie deshalb auch von diesem Tee nicht zu viel und machen Sie zwischendurch eine einwöchige Pause. Am besten Sie lassen sich dazu von einer Hebamme beraten.

Damit Sie das Trinken nicht vergessen, sollten Sie sich die Teekanne oder die Mineralwasserflasche in sicht- und greifbare Nähe stellen. Ob Sie Mineralwasser mit oder ohne Kohlensäure trinken, sollten Sie davon abhängig machen, was Sie am besten vertragen. Achten Sie aber auf jeden Fall aufs Etikett und suchen Sie sich ein mineralstoffreiches Wasser aus, vor allem die Kalzium- und Magnesiumversorgung ist dadurch leicht zu verbessern.

Tipps zum Trinken

- Stellen Sie die Getränke immer in sicht- und greifbare Nähe, dann werden Sie automatisch daran erinnert, regelmäßig zu trinken.
- Gewöhnen Sie sich Trinkrituale an. Trinken Sie zum Beispiel vor jeder Mahlzeit ein Glas Mineralwasser oder kochen Sie sich jeden Nachmittag eine große Kanne Tee.
- Das Auge trinkt mit. Tee aus der Lieblingstasse und Mineralwasser aus einem besonders schönen Glas schmecken noch mal so gut! Ein Blättchen Minze, eine Zitronenscheibe oder eine Himbeere sorgen für zusätzliche Anreize – auch geschmacklich.
- Je vielfältiger das Getränkeangebot ist, umso mehr werden Sie auch trinken. Testen Sie deshalb doch immer mal wieder eine neue Sorte Fruchtsaft, die Sie am besten im Verhältnis 1:3 mit Mineralwasser mischen. Oder probieren Sie öfter neue Kräuter-, Früchte- oder Roibuschteesorten aus.
- Bei Kräutertee, der als täglicher Haustee getrunken wird, sollten mild wirkende Pflanzen wie Zitronenmelisse, Hagebutten, Malven, Rosenblüten oder Brennnessel bevorzugt werden. Bei Kräutern mit einer ausgeprägten arzneilichen Wirkung wie Pfefferminze oder Kamille sollten Sie öfter mal eine Pause einlegen und auf eine andere Sorte umsteigen. Die Pause sollte dabei so lange dauern wie die Zeit des Gebrauchs.
- Häufig unterschätzt wird der Koffeingehalt der meisten industriell gefertigten Eistees. Ein Liter enthält bis zu 50 Milligramm Koffein. Da Eistees zudem reichlich Zucker enthalten und mit Aromen und Zusatzstoffen versetzt sind, sind sie als Durstlöscher nicht empfehlenswert. Selbst aufgebrühter und im Kühlschrank abgekühlter Früchte- oder Kräutertee ist dagegen nicht nur im Sommer eine schöne Erfrischung.
- Energydrinks sind für Schwangere nicht geeignet: Viel zu viel Koffein und andere fragwürdige Zusatzstoffe, darauf sollten Sie verzichten!
- Fruchtschorlen, die Sie fertig gemixt im Handel kaufen können, müssen laut Gesetz mindestens 50 Prozent Fruchtsaft (z. B. Apfelsaft) enthalten. Verdünnen Sie die Schorle deshalb zusätzlich mit Mineralwasser.

Koffeinreiche Getränke wie Kaffee, schwarzer und grüner Tee, viele Eisteesorten, Energydrinks und Colagetränke sollten Sie möglichst wenig in Ihren täglichen Trinkplan einbeziehen. Zwei Tassen Kaffee oder vier Tassen schwarzer und grüner Tee täglich sind unproblematisch, mehr sollten es jedoch nicht sein. Das darin enthaltene Koffein kann für Ihr Baby schädlich werden. Koffein dringt durch die Plazentaschranke und führt dazu, dass sich der Herzschlag erhöht und das Nervensystem aktiviert wird.

Ebenso wie beim Kaffee, trinkt auch beim Alkohol das Baby mit. Regelmäßiger Alkoholkonsum kann das Ungeborene schwer schädigen und zu Fehlgeburten führen. Alkoholhaltige Getränke sollten daher in der Schwangerschaft tabu sein. Zu Bier, Wein oder auch Sekt gibt es mittlerweile viele alkoholfreie Alternativen. Zum Teil enthalten sie noch geringe Restalkoholmengen, können aber ab und zu in Maßen getrunken werden, wenn es einmal etwas anderes als Wasser oder Saftschorle sein oder in geselliger Runde angestoßen werden soll.

Der Hb-Wert: ein heißes Eisen

Da die Eisenversorgung auch in der Schwangerschaftsvorsorge eine große Rolle spielt, müssen wir uns im Rahmen dieses Kapitels etwas ausführlicher damit befassen.

Vorweg gleich eine Tatsache: Die ausreichende Versorgung mit Eisen ist keinesfalls nur ein Problem von Vegetarierinnen und Veganerinnen. Eisenmangel gilt als der am weitesten verbreitete Nährstoffmangel weltweit. Die derzeit geltenden Normwerte vorausgesetzt, leiden etwa 20 Prozent der Bevölkerung an Eisenmangel. Wegen der Eisenverluste durch die Menstruation wird bei Frauen im gebärfähigen Alter dieser Mangel besonders häufig festgestellt. Auch in der Schwangerschaft kommt es bei den allermeisten Frauen zu einem Absinken des Eisenspiegels. Die Gesellschaften für Ernährung in Deutschland (DGE), Österreich (ÖGE) und der Schweiz (SGE) empfehlen für Frauen vor der Menopause eine tägliche Eisenzufuhr von 15 Milligramm, in der Schwangerschaft von 30 Milligramm. Eisen ist deshalb so wichtig, weil es den Sauerstofftransport mithilfe der roten Blutkörperchen ermöglicht. Bei einem echten Eisenmangel kommt es zu Beeinträchtigungen des sauerstoffabhängigen Stoffwechsels, es gibt zu wenige rote Blutkörperchen oder zu wenig Hämoglobin im Blut. Erste Anzeichen sind Erschöpfung, Kopfschmerzen und Abgeschlagenheit.

Der Eisenbedarf ist in der Schwangerschaft deshalb erhöht, weil für das Kind ein Eisenspeicher angelegt und Eisen in Plazenta und Uterus eingelagert wird. Außerdem kommt es während der Geburt zu einem ziemlich großen Blutverlust. Darüber hinaus steigt das mütterliche Blutvolumen während der Schwangerschaft

Auch die Getränkeauswahl hat einen Einfluss auf die Eisenversorgung. Deshalb öfter mal Fruchtsäfte, auch als Schorlen, und weniger Kaffee und schwarzen Tee, stattdessen lieber Getreidekaffee und Kräutertee wählen. So wird das Nahrungseisen besser vom Körper aufgenommen.

enorm an, sodass sich die Anzahl der roten Blutkörperchen auf das vermehrte, »verdünnte« Blutvolumen verteilt.

Deshalb wird auch bei der Kontrolluntersuchung der Hb-(Hämoglobin-)Wert ermittelt. Hämoglobin ist der Farbstoff der Blutkörperchen, bestehend aus dem Eiweiß Globin und dem rot gefärbten Häm. Es wird gemessen, wie viel Gramm Hämoglobin sich in 100 Milliliter Blut befinden. (Wer wirklich sichergehen will, sollte übrigens lieber den Ferritinspiegel messen lassen. Ferritin ist eine Speicherform des Eisens, dessen Wert wesentlich aussagekräftiger ist als der Hb-Wert.) Liegt Ihr Hb-Wert nicht im oberen Normbereich, werden Ihnen vermutlich Eisenpräparate verschrieben. Wenn Sie dann einwenden, Sie würden das drohende Defizit lieber durch eine gezielte Ernährung auffangen, heißt es möglicherweise, bei Vegetarierinnen oder Veganerinnen wäre das besonders schwierig. Dazu sollten Sie Folgendes wissen: Nicht alles Eisen, das dem Körper zugeführt wird, wird von ihm auch aufgenommen. Es kommt hier nämlich darauf an, in welcher Form das Eisen in den jeweiligen Nahrungsmitteln vorliegt.

Unterschiedliche Verwertbarkeit

Unbestritten ist, dass das organische Häm-Eisen aus Nahrungsmitteln tierischen Ursprungs eine höhere Bioverfügbarkeit besitzt. In pflanzlichen Nahrungsmitteln findet sich ausschließlich anorganisches Eisen, in einer weniger gut verwertbaren Form. Man nimmt an, dass der Körper bei einer gemischten Kost rund zehn Prozent des in der Nahrung enthaltenen Eisens aufnimmt. Beim Eisen aus Fleisch und Fleischprodukten liegt die Rate bei etwa 20 Prozent, bei pflanzlichen Nahrungsmitteln bei nur drei bis acht Prozent.

Aber nicht nur die Bioverfügbarkeit ist für die tatsächliche Aufnahme von Eisen ausschlaggebend. Sie hängt auch von der Anwesenheit aufnahmefördernder und -hemmender Faktoren ab, wobei das Eisen tierischer Herkunft weniger von solchen Faktoren beeinflusst wird. Mit anderen Worten: Vegetarierinnen und Veganerinnen müssen stärker darauf achten, womit sie eisenhaltige Nahrungsmittel kombinieren.

Außerdem ist der Körper offenbar in der Lage, die Aufnahmerate flexibel zu verändern, sie bei starkem Eisenbedarf bis auf etwa 40 Prozent zu erhöhen und bei einem Überangebot an Eisen bis auf etwa fünf Prozent zu senken. Dem Eisenmangel in der Schwangerschaft beugt der Körper von sich aus dadurch vor, dass er die Resorptionsrate bis auf das Dreifache erhöht.

Eisenpräparate: ja oder nein?

Eisenpräparate sind in dieser Situation nicht immer die beste Lösung. Eine Steuerung der Eisenaufnahme von außen ist nur innerhalb bestimmter Grenzen möglich. Ein erhöhter Bedarf kann trotz einer verbesserten Ausnutzung des Eisens nicht gedeckt werden, wenn aufnahmehemmende Substanzen im Spiel sind. Andererseits kann aber auch eine erhöhte Zufuhr des gut verfügbaren Häm-Eisens zu einer »Eisenüberladung« führen, da sich die Aufnahme nicht ausreichend begrenzen lässt. Auch ein erhöhter Eisenspiegel ist mit negativen gesundheitlichen Folgen verbunden. Das Infektionsrisiko ist größer, und für bestimmte Erkrankungen wie Diabetes mellitus, Herzinfarkt und Krebs steigt bei hohen Eisen-Werten das Risiko. Deshalb reagiert der Körper auf eine bakterielle Infektion auch mit einer Senkung des Eisenspiegels: Die Verfügbarkeit des für das Bakterienwachstum notwendigen Eisens wird herabgesetzt. Und genau darin sieht man heute auch vermehrt den Grund für das Absinken der Eisenwerte gegen Ende der Schwangerschaft: Der Körper schützt sich dadurch selbst vor Infektionen bei der Geburt. Ähnliches gilt übrigens auch für die niedrigen Eisenwerte während der Menstruation. Schließlich wird durch die Monatsblutung gewissermaßen eine Eintrittspforte für Keime geschaffen. Hinter so manchem »Eisenmangel« steckt also eine ganz natürliche Schutzwirkung, über die wir uns nicht so ohne Weiteres hinwegsetzen sollten.

Sollten sich bei Ihnen deutliche Symptome eines Eisenmangels bemerkbar machen und dieser Mangel ärztlich diagnostiziert worden sein, kann es aber sinnvoll sein, eine bestimmte Zeit lang doch auf ein Eisenpräparat zurückzugreifen. Lassen Sie sich in diesem Fall kompetent beraten und probieren Sie aus, welches Präparat Sie am besten vertragen.

Auf keinen Fall aber sollten Sie ohne einen ärztlich diagnostizierten Eisenmangel auf eigene Faust zu Eisenpräparaten greifen. Zu viel Eisen im Körper kann zu unerwünschten Nebenwirkungen wie Verstopfung, Übelkeit, Erbrechen und Durchfall führen.

Eisenhaltige Nahrungsmittel wählen

Der wichtigste Ratschlag angesichts der Eisenmangel-Debatte lautet deshalb: ruhig Blut! Dass der Eisenwert vor allem gegen Ende der Schwangerschaft sinkt, ist ganz normal. Lassen Sie sich nicht einreden, dies hinge mit Ihrer fleischfreien Ernährungsweise zusammen. Hören Sie sich in Ihrem Bekanntenkreis um, und Sie werden feststellen, dass die meisten Frauen, auch Mischköstlerinnen, im Laufe einer Schwangerschaft irgendwann einmal Eisenpräparate verschrieben bekommen haben. Eisenpräparate sind jedoch problematisch, weil sie erstens den durch die Schwangerschaft oft ohnehin schon strapazierten Magen zusätzlich belasten und leicht zu Verstopfung führen, zweitens die Resorption anderer Spurenelemente wie z. B. Zink vermindern und drittens den körpereigenen Regulationsmechanismus, der die Eisenresorptionskapazität der aktuellen Situation anpasst, überlisten, indem sie ihn mit leicht ins Blut übergehendem Eisen überschwemmen. Bis der Körper gegenregulieren kann, sind einige Tage verstrichen, in denen es zu Infektionen kommen kann.

Eisenpräparate zu schlucken, ist also nicht die beste Lösung. Vernünftiger ist es, sich einzuprägen, welche Nahrungsmittel besonders viel Eisen enthalten und welche Begleitstoffe die Eisenaufnahme fördern bzw. hemmen, um so zu positiven Kombinationen zu kommen.

Zu den Stoffen, die die Aufnahme von Eisen hemmen, gehört die Phytinsäure, eine bioaktive Substanz in Getreide und Hülsenfrüchten, die auch gesundheitsfördernde Eigenschaften hat. Damit sie sich im Körper nicht mit Eisen und anderen Mineralstoffen verbindet und deren Aufnahme erschwert, ist es besonders empfehlenswert, Haferflocken und andere Getreideprodukte einzuweichen, Hülsenfrüchte nicht nur zu kochen, sondern auch öfter mal zu keimen oder zu fermentieren. Auch Vitamin C, beispielsweise in Form von Obst im morgendlichen Müsli, schwächt die

Wirkung der Phytinsäure ab. Stoffe im schwarzen Tee und Kaffee wirken sich auf die Eisenaufnahme ungünstig aus. Deshalb Tee und Kaffee während und bis zu einer Stunde nach einer eisenhaltigen Mahlzeit nicht zu sich nehmen.

Vitamin C fördert die Eisenaufnahme

Welche Stoffe können nun aber die Aufnahme von Eisen fördern? Das in pflanzlichen Nahrungsmitteln vorkommende dreiwertige Eisen muss, damit es vom Körper verwertet werden kann, in zweiwertiges Eisen verwandelt werden. Der Stoff, der dies am besten kann, ist das Vitamin C.

Entsprechende Studien weisen darauf hin, dass die Resorptionsrate für das aus pflanzlichen Nahrungsmitteln stammende Eisen durch den gleichzeitigen Verzehr von Vitamin C bis zum Siebenfachen erhöht werden kann. Die gezielte Auswahl von Vitamin-C-reichen Lebensmitteln wie frisches Obst und Gemüse (Paprika, grünes Blattgemüse) kann daher effektiver sein als die zusätzliche Einnahme von Eisenpräparaten. Ist in vegetarischen Gerichten viel Vitamin C enthalten, wird das Eisen besonders gut verwertet. Auch andere Säuren, beispielsweise in Essig oder milchsauer vergorenem Gemüse, fördern die Verfügbarkeit.

Der angeblich besonders gravierende Eisenmangel vegetarisch oder vegan lebender Menschen ist also in erster Linie ein theoretisches Konstrukt. Wenn sich Vegetarierinnen und Veganerinnen mit eisenhaltigen pflanzlichen Lebensmitteln und mit Vitamin C aus Früchten und Gemüsen sowie fermentierten Lebensmitteln gut versorgen, sind sie in der Regel auch in der Lage, das aus pflanzlichen Nahrungsmitteln stammende Eisen optimal zu verwerten. Allerdings liegen ihre Eisenwerte meist in der unteren Hälfte des Normbereichs, was, wie bereits erwähnt, im Hinblick auf das Auftreten von Infektionskrankheiten eher günstig ist.

Eisenreiche vegetarische Lebensmittel

Lassen Sie sich also von eher niedrigen Eisenwerten während Ihrer Schwangerschaft nicht gleich aus der Fassung bringen. Werte in der unteren Hälfte des Normbereichs sind völlig akzeptabel. Versuchen Sie aber, Ihre Werte in diesem Bereich zu halten, indem Sie Ihrem Körper vermehrt eisenhaltige Nahrungsmittel anbieten und diese mit Vitamin-C-haltigen Lebensmitteln kombinieren. Die Positivliste am Ende dieses Kapitels soll Ihnen dabei eine Gedankenstütze sein.

Eisen findet sich in dunklen Gemüsearten wie Spinat, Mangold, Brokkoli, Roter Bete und Rapunzel (Feldsalat). Auch Hülsenfrüchte wie Linsen, Erbsen, Kidneybohnen und Sojabohnen liefern Eisen. Von allen Pseudogetreide und Getreidearten haben Amarant, Quinoa, Hafer und Hirse den höchsten Eisengehalt. Hirse enthält außerdem reichlich Kieselsäure, sodass Sie, wenn Sie regelmäßig Hirse essen, auch gleich noch etwas für schöne Haut, Haare, Nägel und Zähne tun. Auch Trockenfrüchte sind wichtige Eisenlieferanten, vor allem Aprikosen, Feigen, Datteln, Pflaumen und Rosinen. Kürbiskerne, Sesamsamen und Leinsamen, Pistazien- und Sonnenblumenkerne sind ebenfalls eisenreich. Wenn Sie rote Säfte wie Trauben- oder Beerensaft trinken, tun Sie ebenso etwas für Ihre Eisenversorgung. Ja, selbst der Süßhunger kann Ihnen zu einer Extraportion Eisen verhelfen: Wenn es etwas Süßes sein muss, streichen Sie sich ordentlich Zuckerrübensirup aufs Brot. Oder machen Sie sich hin und wieder über ein paar Lakritzschnecken her, die meist gut vertragen werden, da sie sehr magenfreundlich sind. Aber übertreiben Sie es dabei nicht. Bei übermäßigem Verzehr kann der Blutdruck steigen und damit das Risiko für eine Frühgeburt. Dafür verantwortlich ist der in Süßholz enthaltene Stoff *Glycyrrhizin*. Höchstens 100 Milligramm dieses Stoffes (enthalten in 100 Gramm normaler Lakritze oder 50 Gramm Stark-Lakritze) sollten pro Tag aufgenommen werden. Schwangere mit Bluthochdruck sollten ganz darauf verzichten.

Meiden Sie Kaffee, schwarzen Tee und alle anderen Lebensmittel, die der Eisenaufnahme hinderlich sind, und kombinieren Sie eisenhaltige mit Vitamin-C-haltigen Lebensmitteln. (Übrigens gibt es auch eisenreiche Nahrungsmittel, die gleichzeitig Vitamin C oder andere organische Säuren enthalten, z. B. Rote Bete, Mangold, Spinat und Traubensaft oder Sauerkraut.) Im Rezeptteil finden Sie zahlreiche Beispiele für günstige Kombinationen. Lassen Sie sich von diesen Vorschlägen inspirieren, und erfinden Sie neue Variationen, die Ihrem Geschmack entsprechen. Außerdem können Sie sich angewöhnen, öfter mal zur Hauptmahlzeit ein Glas frisch gepressten Orangensaft zu trinken, womit Sie gleichzeitig auch etwas für Ihre Versorgung mit Folsäure tun.

Kommen Sie auf diese Weise Ihrem Körper in einer Zeit der besonderen Belastung mit einem erhöhten Eisenangebot entgegen, und seien Sie beruhigt: Er wird sich nehmen, was er braucht.

Eisenreiche Lebensmittel

Gute pflanzliche Quellen sind Hirse, Hafer, Amarant, Quinoa, Vollkorngetreideprodukte wie Haferflocken und Vollkornbrot, Sonnenblumen- und Kürbiskerne, grüne Gemüsearten wie Spinat, Mangold, Brokkoli, Feldsalat sowie Hülsenfrüchte.

Weitere Quellen sind Pistazien, Sesam, getrocknete Aprikosen, Feigen, Datteln, Apfel- und Rübenkraut und dunkle Melasse sowie Weizenkeime, Leinsamen (ungeschält).

Roter Trauben- und Beerensaft trägt ebenfalls zur Versorgung bei, Vitamin-C-reiche Säfte verbessern die Eisenverfügbarkeit.

Ernährungstipps bei Übelkeit, Sodbrennen und anderen Schwangerschaftsbeschwerden

Übelkeit

Etwa drei Viertel aller schwangeren Frauen ist häufig übel, vor allem in den ersten Schwangerschaftsmonaten. Das liegt möglicherweise daran, dass wegen des zusätzlichen Kalorienverbrauchs in den ersten Monaten der Schwangerschaft der Blutzuckerspiegel sinkt, was auch erklären würde, warum vielen Frauen gerade morgens schlecht ist, nachdem sie die Nacht über nichts gegessen haben. Auch die hormonelle Umstellung und eine vermehrte Bildung von Magensäure während der Schwangerschaft werden für die Übelkeit verantwortlich gemacht. Die Hormone Progesteron und Östrogen sorgen dafür, dass der Magen langsamer entleert wird und die Magenmuskulatur »aus dem Takt« gerät. Auch der Adrenalinwert kann erhöht sein und dann zusätzlich auf den Magen schlagen.

In manchen Fällen kann auch ein Vitamin-B_6-Mangel dahinter stecken – jedenfalls lohnt es sich auszuprobieren, ob der Verzehr von Vitamin-B_6-haltigen Nahrungsmitteln (z. B. Avocados, Bananen, Nüsse, Hefeflocken, Weizenkeimen, Honigmelone, grüne Bohnen und Kohl) zu einer Linderung führt. Eine Einnahme von Vitamin-B_6-Präparaten ist hingegen nicht empfehlenswert, da eine Überdosierung und damit gesundheitliche Schäden für das Kind nicht auszuschließen sind.

Auch eine gesundheitlich nicht so günstige Ernährungsweise vor Beginn der Schwangerschaft kann eine Ursache für die Übelkeit sein. Dahinter steht die Annahme, dass die Übelkeit in den ersten Schwangerschaftsmonaten ein Schutzmechanismus des Körpers ist, um die Mutter zu zwingen, sich bewusster und gesünder zu ernähren und eher ungeeignete Nahrungsmittel wenigstens vorübergehend zu meiden. Dafür spricht, dass Übelkeit und Erbrechen häufig von dem Anblick, dem Geruch oder dem Geschmack bestimmter Speisen ausgelöst werden können. Verschiedene Studien zeigen, dass es keine Anzeichen dafür gibt, dass morgendliche Übelkeit zu mehr Fehlgeburten oder Geburtsschäden führt. Ganz im Gegenteil: Die Übelkeit hat offenbar tatsächlich eine Schutzwirkung. Auch wenn die ständige Übelkeit letztlich gesundheitliche Vorteile für das Kind hat – sie ist unangenehm und belastend, vor allem, wenn sie über längere Zeit anhält.

Wenn Ihnen vor allem morgens übel ist, sollten Sie probieren, noch vor dem Aufstehen ein Stück Zwieback, Knäckebrot oder einen Getreidebrei aus Haferflocken und Weizenkeimen zu essen, um die überschüssige Magensäure aufzusaugen. Sie können sich diese kleine Mahlzeit schon abends auf dem Nachttisch zurechtstellen oder als besonderen Luxus morgens von einer lieben Seele ans Bett bringen lassen. Auf jeden Fall sollten Sie schon im Bett etwas essen und wenn möglich anschließend noch eine Viertelstunde liegen bleiben. Probieren Sie außerdem einen Tee aus Melisse, Zimt, Pfefferminz und/oder Dillsamen. Auch Ingwertee (ein Stück frische Ingwerwurzel aufschneiden, mit kochendem Wasser übergießen und einige Minuten ziehen lassen) hat sich bewährt. Vorbeugend wirken kandierter Ingwer, Vitamin-C-haltige Früchte und der Saft Schwarzer Johannisbeeren. Wichtig ist, dass Sie immer mal wieder kleine Mengen essen und den Magen nie ganz leer werden lassen, damit die Verdauungssäfte etwas zu tun haben. Komplexe Kohlenhydrate bleiben länger im Magen, werden langsamer verdaut und bilden einen Puffer gegen hyperaktive Magensäuren.

Bei Erbrechen ist es besonders wichtig, ausreichend zu trinken. Akupressur und Fußreflexzonenmassage können hilfreich sein, um die Beschwerden zu lindern. Auch homöopathische Mittel kommen in Betracht. Lassen Sie sich am besten von einer Homöopathin oder einem Homöopathen beraten, um das für Sie passende Mittel zu finden.

Sodbrennen

Das Sodbrennen, an dem etwa ein Drittel aller Schwangeren leidet, hat eine rein mechanische Ursache: Durch das immer größer werdende Baby wird der Magen nach oben geschoben, sodass die Magensäfte in die Speiseröhre dringen. Im Liegen ist das Sodbrennen am schlimmsten und kann werdenden Müttern schon vor der Geburt des Kindes den Nachtschlaf rauben. Wichtig ist auch in diesem Fall, häufiger kleinere Mahlzeiten zu essen und gut zu kauen. Nehmen Sie vor allem vor dem Hinlegen keine größeren Portionen mehr zu sich, aber gehen Sie auch nicht mit leerem Magen ins Bett, denn viel Magensäure, die nichts zu verdauen hat, steigt ebenfalls leicht in die Speiseröhre auf. Essen Sie in aufrechter Haltung, und gehen Sie nach dem Essen eine Weile aufrecht herum, um dem Magen Platz zu verschaffen.

Schweres, Fettiges, Gebratenes, Süßes, Saures und scharf Gewürztes führt am ehesten zu Sodbrennen, aber auch bestimmte Obst- und Gemüsearten wie Tomaten und Zitrusfrüchte können besonders unverträglich sein. Versuchen Sie, sich möglichst *vor* dem Essen daran zu erinnern, welche Zutaten Sie nicht so gut vertragen. Lindernd sind basisch wirkende Speisen wie Kartoffeln, Hirse und Quark. Knabbern Sie Mandeln oder Haselnüsse (gut kauen und einspeicheln), versuchen Sie es mit Anis-, Fenchel-, Ingwer- oder Maishaartee oder trinken Sie einen Esslöffel Heilerde in Wasser oder Kamillentee aufgelöst. Auch Kartoffelsaft (aus dem Reformhaus oder aus rohen Kartoffeln ohne grüne Stellen einfach selbst gepresst) kann sich bei Sodbrennen als wahrer Segen erweisen. Stellen Sie das Kopfteil Ihres Lattenrostes hoch, besorgen Sie sich einen Matratzenkeil oder bauen Sie aus Kissen eine ordentliche Schräge, damit Ihr Oberkörper beim Schlafen höher liegen kann. In ganz hartnäckigen Fällen müssen Sie unter Umständen auf Magensäure bindende Mittel, sogenannte Antacida, aus der Apotheke zurückgreifen – allerdings können sich diese Medikamente auf die Eisenresorption negativ auswirken. Sprechen Sie mit Ihrer Ärztin oder Ihrem Arzt über das Problem.

Einen Trost können sich von Sodbrennen Geplagte immer vor Augen halten: Nach der Geburt ist es schlagartig vorbei. Ich weiß noch, wie ich am Tag nach der Geburt meines Sohnes ganz gegen meine sonstige Gewohnheit im Krankenhaus ein großes zuckrig klebrig saftiges Stück Marzipankuchen verschlang und mit Wonne das Ausbleiben des Sodbrennens genoss, das mich so viele Monate lang geplagt hatte.

Krampfadern und Hämorrhoiden

Krampfadern und Hämorrhoiden in der Schwangerschaft gehen auf hormonell bedingte Gefäßerweiterungen zurück. Die Blutgefäße sind weniger straff, und das Blut wird nicht so rasch zum Herzen zurückgepumpt. Das in den überdehnten Adern gestaute Blut macht sich in Form von Krampfadern oder Hämorrhoiden bemerkbar. Frische Zwiebeln, Lauch und Knoblauch stimulieren und stärken die Blutgefäße. Buchweizen enthält Rutin, ein natürliches Mittel gegen Hämorrhoiden und Krampfadern. Vermeiden Sie Verstopfungen und versuchen Sie, körperlich so aktiv wie möglich zu bleiben, um den Kreislauf anzuregen.

Verstopfung

Durch die Ausschüttung des Hormons Progesteron kommt es in der Schwangerschaft zu einer Entspannung der unwillkürlichen Muskeln, um Kontraktionen der Gebärmutter, also Fehlgeburten, vorzubeugen und Verletzungen während der Geburt zu verhindern. Auch die Muskulatur der Darmwände ist daher schlaffer, sodass die Nahrung länger im Körper bleibt. Ein positiver Nebeneffekt dieser Vorgänge: Die Nährstoffe können intensiver genutzt werden. Aber es kommt auch häufiger zu Verstopfungen, vor allem, wenn dem erhöhten Flüssigkeitsbedarf nicht entsprochen wird. Achten Sie darauf, viel zu trinken, eineinhalb bis zwei Liter am Tag, vor allem Wasser und mit Wasser verdünnten Fruchtsaft mit Fruchtfleisch, um die natürlich abführende Wirkung vieler Obstarten auszunutzen.

Wegen der vielen Ballaststoffe, die sie mit einer pflanzenbetonten Kost ganz automatisch zu sich nehmen, leiden Vegetarierinnen und Veganerinnen seltener unter Verstopfung. Sollten Sie dennoch einmal Probleme haben, essen Sie frische Trauben und Zwetschgen oder Trockenfrüchte wie Feigen und Backpflaumen. Aufgekochte, noch warm gegessene Backpflaumen sind ein bewährtes Hausmittel (aber nicht übertreiben!). Auch Buttermilch zum Frühstück, Gurken, Äpfel und rohes Sauerkraut wirken abführend und regulierend. Kleie ist nicht zu empfehlen, weil sie die Aufnahme von Kalzium und Eisen hemmt. Ohnehin können Ballaststoffe ihre Wirkung nur dann voll entfalten, wenn genügend Flüssigkeit vorhanden ist.

Manchmal kann es auch zur Verstopfung kommen, weil Gewohnheiten bei Beginn der Schwangerschaft zu abrupt und zu radikal umgestellt werden. Wer z. B. bisher immer fünf Tassen Kaffee am Tag trank und jetzt keinen Schluck Kaffee mehr zu sich nimmt, wird unweigerlich Verstopfungsprobleme bekommen. In solchen Fällen ist es sinnvoller, die Kaffeemenge langsam zu reduzieren. Wie überhaupt, ist auch hier Gelassenheit angesagt. Ein, zwei Tassen nicht allzu starker Kaffee am Tag sind durchaus okay.

Meiden Sie aber nach Möglichkeit alle stopfenden Lebensmittel wie weißen Reis oder Schokolade, und nehmen Sie auf keinen Fall Abführmittel, da sie auf die Muskulatur der Organe, also auch auf die Gebärmutter, genauso wirken wie auf den Darm und deshalb Fehlgeburten auslösen können. Bleiben Sie körperlich aktiv. Gehen Sie täglich spazieren oder gehen Sie schwimmen – das ist besonders angenehm, weil das Wasser Ihnen einen Teil des zusätzlichen Gewichtes abnimmt.

Sollten Sie statt Verstopfungsprobleme Durchfall bekommen, sollten Sie auf jeden Fall abklären lassen, ob vorzeitige Wehen bestehen.

Was Sie lieber meiden sollten

Lebensmittelinfektionen sind in der Schwangerschaft besonders problematisch, da die Behandlungsmöglichkeiten begrenzt sind und das Baby durch die Krankheitserreger geschädigt werden kann. Daher gibt es ein paar Lebensmittel, die Sie während der Schwangerschaft lieber nicht essen sollten. Für Vegetarierinnen gilt dies unter anderem für unerhitzte Rohmilch und bestimmte Käsesorten wie Camembert, Brie, Blauschimmel- und Rohmilchkäse, und zwar wegen der **Listeria-Bakterien.** In seltenen Fällen kommt es durch Listeriose bei der Schwangeren zu einem fieberhaften Infekt, für das Kind können jedoch schwere Schäden die Folge sein. Listerien sind empfindlich gegen Hitze, daher gelten Milchprodukte aus pasteurisierter Milch als für Vegetarierinnen unbedenklich. Auch lange gereifte Käsesorten sind in der Regel frei von Listerien, selbst wenn der Hartkäse aus Rohmilch hergestellt wurde.

Durch Rohmilch können außerdem **Campylobacter-Erreger** übertragen werden, die fiebrige Darminfektionen auslösen können – ein weiterer Grund auch für Vegetarierinnen, jetzt lieber auf unerhitzte Milch zu verzichten.

Um, vor allem in den warmen Sommermonaten, keine **Salmonelleninfektion** zu riskieren, sollten Vegetarierinnen Speisen, die mit rohen Eiern zubereitet wurden (Tiramisu, Zabaione, Mayonnaise), grundsätzlich meiden. Leicht verderbliche Speisen wie Milchprodukte, Speiseeis oder Sahnetorten sollten konsequent gekühlt, d. h. sofort nach dem Kauf bzw. direkt nach der Zubereitung in den Kühlschrank gestellt werden. Ansonsten ist ein vorsichtiger und hygienischer Umgang mit Lebensmitteln das A und O bei der Vermeidung von Infektionen. Nur so lässt sich vermeiden, dass Keime z. B. von Eierschalen auf unerhitzte Speisen wie Salate übertragen werden.

Da sie weder Milchprodukte noch Eier zu sich nehmen, sind die bisher genannten, potenziell gefährlichen Lebensmittel für Veganerinnen kein Thema. Bei **Toxoplasmosen,** die für das Ungeborene ebenfalls gefährlich werden können, gilt dies eigentlich für Veganerinnen ebenso wie Vegetarierinnen, denn die Parasiten werden vor allem durch rohes oder unzureichend erhitztes Fleisch übertragen. Da der Erreger aber auch z. B. über Katzenkot in den Gartenboden gelangen kann, sollten alle Schwangeren nach der Gartenarbeit die Hände sorgfältig mit Seife und heißem Wasser waschen.

Trotzdem gilt beim Thema Lebensmittelinfektionen – wie bei vielen anderen Dingen – allgemein: Vorsicht ja, Panik nein! Machen Sie sich nicht unnötig verrückt. Verzichten Sie einfach einige Monate auf kritische Lebensmittel und wenden Sie sich mit Genuss den vielen anderen köstlichen Speisen zu. Auf der Negativliste für Schwangere stehen darüber hinaus noch andere Dinge:

- **Alkohol** wirkt ebenso wie **Koffein** über die Plazenta negativ auf Ihr Kind. Alkoholische Getränke, Kaffee, schwarzen Tee, Kakao, koffeinhaltige Eistees, Energydrinks und Colagetränke sollten Sie deshalb meiden.
- **Rauchen** während der Schwangerschaft gefährdet die Gesundheit des Babys. Ein geringeres Geburtsgewicht, Mangelernährung, eine spätere Neigung zu Allergien und Asthma sowie ein erhöhtes Krebsrisiko sind mögliche Folgen. Wenn Sie es bis dahin nicht geschafft haben, nehmen Sie also unbedingt die Schwangerschaft zum Anlass, sich das Rauchen abzugewöhnen. Es mag Ihnen schwer fallen, aber Sie werden ganz bestimmt für Ihre Mühe belohnt.
- Vorsicht auch bei allen **Medikamenten.** Vor jeder ärztlichen (auch zahnärztlichen!) Behandlung sollten Sie ausdrücklich erwähnen, dass Sie schwanger sind. Eine sanfte Alternative zu den schulmedizinischen Behandlungsmethoden bildet die Homöopathie. Falls Sie bisher erst wenig darüber wissen, bietet die Schwangerschaft eine willkommene Gelegenheit, sich näher darüber zu informieren. Auch später bei der Behandlung Ihres Kindes kann sie Ihnen eine große Hilfe sein. Auf Selbstmedikation sollten Sie allerdings verzichten, wenn Sie noch wenig über diese Heilmethode wissen. Ein klassischer Homöopath oder eine Homöopathin kann Sie kompetent beraten und behandeln.

Nützliches und Nahrhaftes aus der pflanzenbasierten Vollwertküche

Erschrecken Sie nicht, wenn Sie in diesem Abschnitt auf Lebensmittel wie Amarant, Quinoa oder Nori-Algen stoßen, die Sie vielleicht noch nicht kennen und von denen Sie nicht wissen, wie Sie sie zubereiten sollen. Alle aufgeführten Nahrungsmittel bekommen Sie im Naturkostladen, im Reformhaus und in gut sortierten Supermärkten. Im Rezeptteil (ab Seite 69) finden Sie praktische Anwendungsbeispiele. Nehmen Sie sich bewusst vor, auch einmal etwas Neues auszuprobieren. Die Schwangerschaft ist ohnehin eine Zeit, in der so viel Neues geschieht – wer weiß, vielleicht werden Sie aus diesen Monaten auch ein paar neue Ernährungsgewohnheiten mitnehmen. Die Rezepte sollen Ihnen hierzu ein paar erste Anregungen geben. Experimentieren Sie weiter und erfinden Sie neue Kreationen, indem Sie die Zutaten auf der Positivliste nach Herzenslust kombinieren.

Einige der weniger bekannten Zutaten aus der vegetarischen Vollwertküche seien hier noch einmal kurz erklärt:

Agar-Agar

Ein mineralreiches, aus Meeres-Algen gewonnenes, meist als Pulver angebotenes Geliermittel. Die vegetarische Alternative zur Gelatine! Man rechnet etwa 1 TL Agar-Agar auf 500 ml Flüssigkeit. (Lesen Sie auch die Angaben zur Zubereitung auf der jeweiligen Verpackung.)

Amarant

Amarant war schon vor etwa 3000 Jahren Nahrungsgrundlage der Ureinwohner Mittelamerikas. Lange Zeit fast in Vergessenheit geraten, wurde es aufgrund seiner hervorragenden Nährstoffzusammensetzung und seines hohen Eisengehalts von der alternativen Küche wiederentdeckt. Im Naturkostladen gibt es sowohl Amarant-Körner als auch gepufften Amarant (toll im Müsli!) zu kaufen. Lecker, wenn auch teilweise recht süß, sind die verschiedenen Amarant-Müsli-Fertigmischungen.

Hummus

Eine aus Kichererbsen und Sesammus hergestellte Paste, die sich als Brotbelag oder als Füllung verwenden lässt.

Nori-Algen

Sie stammen aus der traditionellen Küche Japans und werden in eigens dafür angelegten Plantagen in Meerwasser gezüchtet. Produkte in Bio-Qualität werden auf Rückstände und radioaktive Belastung kontrolliert, darauf sollten Sie jetzt besonders achten. Aus Nori-Algen-Blättern lassen sich leckere Sushis herstellen. (Nori gibt es auch in Flockenform und sind leicht zu dosieren: 1 Teelöffel entspricht 1 g Algenflocken.) Für Vegetarierinnen und Veganerinnen sind Nori-Algen wegen ihres Gehalts an Kalzium, Magnesium, Kalium, Silizium, Kupfer, Selen, Zink und Jod besonders interessant.

Seidentofu

Seidentofu ist eine echte Entdeckung für die pflanzenbetonte Küche. Er wird, wie alle anderen Tofusorten auch, aus Sojabohnen hergestellt. Durch seinen zarten Geschmack und seine glatte Konsistenz ist er vor allem für Süßspeisen, aber auch für Salatdressings gut geeignet. Seidentofu ist im Naturkostladen, im Reformhaus oder gut sortierten Supermarkt erhältlich. Relativ neue Alternativen sind Pflanzen-Skyr und Soja-Quark, die inzwischen auch in Bio-Qualität angeboten werden. Sie können wie Seidentofu verwendet werden und sind sogar zum Backen geeignet.

Soja-Schnetzel

Soja-Schnetzel aus dem Reformhaus oder Naturkostladen bestehen aus reinem, teilentfettetem Sojamehl. Das Sojamehl wird kurze Zeit erhitzt und gepresst. Durch Lösen des Drucks wird es dann zu seiner fleischähnlichen Konsistenz aufgepufft. Weder bei der Entfettung des Mehls noch bei der Schnetzelherstellung unter Hitze und Druck werden chemische Mittel eingesetzt.

In Sojasauce und Wasser eingeweicht, können Soja-Schnetzel für Füllungen, Bratlinge und Gemüsepfannen, vor allem aber wie Geschnetzeltes angebraten und mit leckeren Saucen verfeinert werden.

Tahin (Sesammus)

Eine Paste aus gerösteten, zerdrückten Sesamsamen. Als Brotaufstrich und als Würzmittel für Dressings und Saucen geeignet.

Tamari (Sojasauce)

Aus milchsauer vergorenen Sojabohnen gewonnene Würzsauce, die besonders reich an Proteinen und Vitaminen ist. Im Gegensatz zur Shoyu-Sojasauce besteht sie ausschließlich aus Soja und entsteht, sozusagen als »Abfallprodukt«, bei der Herstellung einer speziellen Miso-Sorte.

Positivliste: Was schwangere Frauen (und ihre Lieben) essen sollten

1. Getreide-Vollkornprodukte und Kartoffeln
(liefern Energie, Eiweiß, komplexe Kohlenhydrate, wertvolle Fette, Vitamine und Ballaststoffe):
Vollkornnudeln, alle Sorten Vollkornbrot und -brötchen, Brote mit natürlichem Sauerteig, alle Sorten Vollkorngetreide und Pseudogetreide-Arten, vor allem Hirse, Amarant, Vollkornreis, Hafer (einschließlich Haferflocken), Weizen (auch Weizenkeime), Buchweizen, Gerste, Roggen, Mais, Quinoa, alle Sorten zuckerfreies Müsli sowie Kartoffeln.

2. Hülsenfrüchte
(liefern Eiweiß, Vitamine, Mineralstoffe und Ballaststoffe):
Sojabohnen und Sojaprodukte (Sojadrink mit Kalzium, Sojajoghurt, Tofu, Brotaufstriche), Linsen, Erbsen, Kichererbsen (einschließlich Hummus), Lupinenprodukte, grüne Bohnen, Kidneybohnen, Linsen- und Bohnensprossen.

3. Gemüse und Pilze
(liefern Ballaststoffe, Vitamine, Mineralstoffe und sekundäre Pflanzenstoffe):
alle Kohlsorten, vor allem Brokkoli, Wirsing, Grünkohl, Rosenkohl, Blumenkohl, Weißkohl (auch als Sauerkraut), Rote Bete, Spinat, Mangold, Rapunzel (Feldsalat), Endivien, Löwenzahnsalat, Lauch, Spargel, Fenchel, Schwarzwurzeln, Gurken, Zucchini, Tomaten, Paprika, Möhren, Pastinaken, frische Kräuter sowie Champignons und Steinpilze.

4. Frisches Obst
(liefert Ballaststoffe, Vitamine, Mineralstoffe, sekundäre Pflanzenstoffe):
Äpfel, Birnen, Kirschen (besonders Sauerkirschen), Erdbeeren, Rote und Schwarze Johannisbeeren, Stachelbeeren, Heidelbeeren, Pfirsiche, Aprikosen, alle Sorten Zitrusfrüchte (auch als frisch gepresster Saft), Melonen, Kiwis, Mangos, Papayas, Guaven, Ananas, Bananen, Honigmelonen sowie Avocados. Als Mus oder Saft: Hagebutten, Sanddorn.

5. Nüsse, Samen, Trockenfrüchte
(liefern Energie, Eiweiß, wertvolle Fette und Mineralstoffe):
Mandeln, Walnüsse, Haselnüsse, Cashewkerne, Paranüsse, Erdnüsse und daraus hergestellte Nussmuse. Sesamsamen (und Tahin/Sesammus), Sonnenblumenkerne, Kürbiskerne, Pistazienkerne, Chiasamen und Leinsamen. Getrocknete Aprikosen, Datteln, Feigen, Pflaumen, Rosinen.

6. Milchprodukte und Milchalternativen, Eier
(liefern vor allem Eiweiß, Vitamine und Kalzium):
Milch und pflanzliche Milchalternativen (mit Kalzium angereichert), Buttermilch, Schwedenmilch, Joghurt und Sojajoghurt, Sahne und Pflanzensahne, Kokosmilch, Kefir, Dickmilch, Quark, Soja-Quark, Pflanzen-Skyr, Käse (außer Camembert, Brie, Blauschimmel- und Rohmilchkäse), körniger Frischkäse, Butter sowie ein Ei pro Woche.

7. Öle und sonstige wertvolle Lebensmittel
hochwertige, native Pflanzenöle, z. B. Rapsöl, Leinöl, Hanföl, Kürbiskernöl, Olivenöl (liefern ungesättigte Fettsäuren), und Margarine ohne gehärtete Fette, mit Meeres-Algen angereichertes Lein- oder Olivenöl (liefert DHA); Nori-Algen (liefern Spurenelemente, vor allem Jod); Hefeextrakt und Hefeflocken (liefern B-Vitamine); Miso (liefert viele wertvolle Nährstoffe); Weizenkeime (liefern eine Vielzahl von Vitaminen und Spurenelementen); mit Algen angereichertes Meersalz (liefert Jod); Zuckerrübensirup (liefert »süßes« Eisen).

Dazu viel trinken:
mineralstoffreiches Mineralwasser, Wasser, Kräutertee (gegen Ende der Schwangerschaft vor allem Himbeerblättertee), frisch gepresster Orangensaft, andere Obstsäfte als Schorlen, Getreidekaffee.

Rezepte für die Schwangerschaft

Alle Rezepte in diesem Buch sind für **Vegetarierinnen** und **Veganerinnen** gleichermaßen geeignet. In jedem Einzelfall werden erprobte Alternativen für beide Ernährungsweisen genannt und, wo nötig, näher erklärt.

Als pflanzliche Alternative zu Milch und Sahne wird in der Regel Haferdrink verwendet. Haferdrink enthält viele wertvolle Nährstoffe, fügt sich erfahrungsgemäß geschmacklich besonders gut ein und gilt außerdem aus ökologischer Sicht als vorteilhaft, da Hafer ein heimisches Getreide ist. Selbstverständlich können Sie – je nach Ihren Geschmacksvorlieben – aber auch jeden anderen Pflanzendrink (zum Beispiel Reis-, Mandel-, Dinkel- oder Sojadrink) wählen. Die Produktvielfalt auf diesem Gebiet ist immer noch im Wachstum begriffen. Alternativ zu Sahne können Hafersahne, anstatt Joghurt und Quark können Sojajoghurt oder andere pflanzliche Joghurtzubereitungen, Seidentofu oder Pflanzen-Skyr verwendet werden.

Portionsgrößen

Weil werdende Mütter meist am liebsten in Gesellschaft essen, sie diese aufregende Zeit bestimmt ganz intensiv zu zweit erleben möchten und eine gesunde Ernährung auch werdenden Vätern äußerst gut tut, sind alle Rezepte für **zwei Personen** berechnet. Essen Sie allein, brauchen Sie die Zutatenmengen nur zu halbieren. Ist die Familie schon größer, vervielfachen Sie das Ganze entsprechend.

Backtemperaturen

Die angegebenen Temperaturen sind Richtwerte für Elektroherde mit Umluftfunktion, sie können je nach verwendetem Backofen abweichen.

Abkürzungen

EL = Esslöffel
TL = Teelöffel
MSP = Messerspitze

Frühstück

Irmelas Power-Frühstück

Hirse, Amarant und Fünfkornflocken liefern Eisen. Vitamin C aus Kiwis und Apfel helfen dem Körper, es aufzunehmen.

2 kleine Bananen, geschält und in Scheiben geschnitten
2 Kiwis, geschält und klein geschnitten
1 Apfel, entkernt und klein geschnitten
10 ganze Mandeln
4 EL Hirseflocken
2 EL Weizenkeime
4 EL gepuffter Amarant
4 EL Fünfkornflocken
300 g Joghurt oder Sojajoghurt
etwas Milch oder Haferdrink

- ☐ Alle Zutaten außer der Milch oder dem Haferdrink in zwei großen Müslischalen vermischen.
- ☐ Mit Milch oder Haferdrink angießen und in aller Ruhe beim Zeitunglesen löffeln.

Porridge

Der Klassiker! Nahrhaft, sättigend, schnell zubereitet und zum Beispiel mit Früchten, Nussen, Nussmusen und Gewürzen (wie Zimt, Vanille, Kurkuma oder Kardamom) schier unendlich abwandelbar.

150 g feine Haferflocken
400 ml Wasser
1 Prise Salz

- ☐ Haferflocken mit dem Wasser in einen Topf geben und etwa 30 Minuten einweichen.
- ☐ Etwa 5 Minuten im Einweichwasser kochen und Salz einrühren.

Tipp: *Statt des Wassers kann für die Zubereitung des Porridges auch Milch oder Haferdrink verwendet werden.*

Overnight Oats

Haferbrei goes trendy! Über Nacht mit Milch oder Pflanzendrink in den Kühlschrank gestellt, quellen die Haferflocken von selbst auf und bilden die Grundlage für viele leckere Frühstücksvariationen, in gut verschließbaren Behältern zubereitet auch »to go«.

120 g Haferflocken
250 ml Milch oder Haferdrink

- □ Haferflocken mit der Milch oder dem Haferdrink in einem verschließbaren Gefäß vermischen und am Vorabend in den Kühlschrank stellen. Über Nacht quellen lassen.
- □ Am nächsten Morgen nach Belieben mit anderen Zutaten mischen und genießen.

Tipp: *Mein Favorit für diese unkomplizierte Frühstücksmahlzeit ist eine Kombination mit Mandelmus, Rosinen, Zimt und Bananen – so lecker!*

Mangosmoothie

Smoothies gelten als der Inbegriff des hippen Fitnessgetränks. Probieren Sie ihn mal mit frischer Mango und erfreuen Sie sich schon beim Frühstück an seinem sonnigen Gelb!

1 reife Mango
400 ml Milch oder Haferdrink
75 g Vanillejoghurt oder Vanille-Sojajoghurt
2 Orangenscheiben
2 Stängel frische Minze

- □ Mango schälen, Fruchtfleisch vom Kern lösen, würfeln und zusammen mit Milch oder Haferdrink und Joghurt oder Sojajoghurt im Mixer oder mit dem Pürierstab pürieren.
- □ Smoothie auf zwei Gläser verteilen. Mit zur Hälfte eingeschnittener Orange und Minze verzieren.

Amarant-Müsli

Amarant, Hafer, Nüsse und Apfel – eine ideale Nährstoffkombi!

6 EL gepuffter Amarant
6 EL Haferflocken
2 EL Walnüsse, gehackt
200 g Joghurt oder Sojajoghurt
2 EL Ahornsirup
1 Apfel, grob gerieben

- □ Gepufften Amarant, Haferflocken und Walnüsse mischen.
- □ Joghurt oder Sojajoghurt mit Ahornsirup cremig rühren.
- □ Den geriebenen Apfel unter den Joghurt ziehen und zusammen über die Getreide-Nuss-Mischung gießen.

Bircher-Müsli

Ein gesundes Sonntagsmüsli, das an viele schöne Besuche in der Schweiz erinnert.

8 EL Haferflocken
200 ml Wasser
100 ml Schlagsahne oder Hafersahne
2 TL Honig oder Agavensirup
2 Äpfel, fein gerieben
4 EL Haselnüsse, gemahlen

- □ Haferflocken in dem Wasser einweichen und über Nacht im Kühlschrank aufbewahren.
- □ Am Morgen mit den anderen Zutaten vermischen und genüsslich löffeln.

Sprossen-Müsli

Ein knackig erfrischendes Frühstück für den Sommer!

100 g Getreidesprossen (aus 50 g Getreide; 2 – 3 Tage gekeimt)
2 TL Sonnenblumenkerne
2 TL Leinsamen
2 EL Rosinen
10 ganze Haselnüsse
2 kleine Äpfel, geraspelt
200 g Erdbeeren oder ein anderes Obst der Jahreszeit, klein geschnitten
Orangensaft, frisch gepresst

- □ Getreidesprossen mit den übrigen Zutaten außer dem Orangensaft vermischen.
- □ Kurz vor dem Servieren mit dem frisch gepressten Orangensaft angießen.

Bananenschaum-Müsli

Popcorn aus dem Powerkorn der Inkas, Vitamin C aus den Orangen, dazu ein Hauch Exotik in Form von Kokosflocken und schaumigen Bananen – so lecker kann ein gesundes Frühstück sein!

8 EL gepuffter Amarant
4 EL Kokosflocken
2 Orangen, geschält und klein geschnitten
2 Bananen
300 ml Joghurt oder Sojajoghurt

- □ Gepufften Amarant, Kokosflocken und Orangenstücke mischen.
- □ Bananen schälen und im Mixer oder mit dem Pürierstab schaumig pürieren.
- □ Pürierte Bananen mit dem Joghurt oder Sojajoghurt verrühren und über die Müslimischung geben.

Warmer Hirsebrei

Hirse enthält Eisen und das ist, wie wir wissen, (nicht nur) in der Schwangerschaft sehr wichtig. Zusammen mit anderen pflanzlichen Eisenquellen und Vitamin-C-haltigem Obst helfen die kleinen Körnchen, den Eisenspeicher aufzufüllen.

100 g Hirse
200 ml Wasser
2 EL Mandelmus
1 EL Leinöl
6 getrocknete Aprikosen, klein geschnitten
2 EL Leinsamen
2 Orangen, geschält und in kleine Stücke geschnitten
warme Milch oder Haferdrink nach Belieben

- □ Hirse in das kochende Wasser einstreuen und etwa 15 Minuten leise köcheln, anschließend noch etwas nachquellen lassen.
- □ Mit Mandelmus, Öl und Aprikosen verrühren.
- □ Den Hirsebrei auf zwei Teller oder Müslischalen verteilen. Beide Portionen mit jeweils einem Esslöffel Leinsamen und mit Orangenstücken bestreuen.
- □ Je nach Geschmack noch etwas warme Milch oder warmen Haferdrink dazugießen.

Dinkel-Frischkornbrei

Frisches Korn ist vollgepackt mit Vitaminen und Mineralstoffen, komplexe Kohlenhydrate machen länger satt und Melasse oder Zuckerrübensirup bringen Eisen mit – so kann der Tag gut beginnen!

140 g Dinkel, grob geschrotet
kaltes Wasser zum Einweichen
2 Bananen, geschält und in dünne Scheiben geschnitten
2 Kiwis, geschält und klein geschnitten
300 g Joghurt oder Sojajoghurt
2 EL Melasse oder Zuckerrübensirup
6 EL Haselnüsse, gemahlen
2 EL Rosinen

- ☐ Dinkel in kaltem Wasser einweichen und über Nacht im Kühlschrank aufbewahren.
- ☐ Am nächsten Morgen mit den restlichen Zutaten mischen.
- ☐ In zwei Müslischalen geben und zu einer großen Kanne Getreidekaffee genießen!

Belegte Brote

Hummus-Sandwich

Eine willkommene Eiweißportion, dazu Kalzium, Magnesium, ungesättigte Fettsäuren und mediterranes Flair.

250 g Kichererbsen, gekocht
4 EL Olivenöl
2 Knoblauchzehen, gepresst
1 TL Tahin (Sesammus)
Zitronensaft
Salz
4 dünne Scheiben Vollkornbrot
1 Tomate, in dünne Scheiben geschnitten
10 schwarze Oliven, entsteint und halbiert

- □ Die Kichererbsen im Mixer oder mit dem Pürierstab pürieren.
- □ Mit Olivenöl, Knoblauch und Tahin verrühren, mit Zitronensaft und Salz abschmecken.
- □ Zwei Brotscheiben mit Hummus bestreichen und mit den Tomatenscheiben und Olivenhälften belegen.
- □ Die anderen beiden Brotscheiben darüberklappen und die belegten Brote halbieren.

Tipp: *Das restliche Hummus in ein gut verschließbares Glas füllen (im Kühlschrank ist es eine Woche haltbar) und weiterhin als Brotaufstrich oder würzige Paste zu Gemüsegerichten und kalten Vorspeisen verwenden.*

Avocado-Sprossen-Brot

Cremig und knackig: Avocado und Sprossen bilden einen leckeren Kontrast. Wertvolle Pflanzenfette, Vitamine und Mineralstoffe sind dabei inklusive.

1 reife Avocado, geschält
Salz
Pfeffer
Zitronensaft
2 Scheiben Vollkorntoast, geröstet
1 Handvoll frische Sprossen nach Wahl

- Das Avocadofleisch mit der Gabel zerdrücken.
- Mit Salz, Pfeffer und Zitronensaft abschmecken.
- Die Toastbrotscheiben mit dem Avocadomus bestreichen und mit den Sprossen garnieren.

Brot mit Leinölquark

Leinöl ist eine hervorragende pflanzliche Quelle für wertvolle Omega-3-Fettsäuren. Achten Sie darauf, dass es wirklich frisch ist, da älteres Leinöl rasch ranzig schmeckt, und greifen Sie bevorzugt zu einem nativen Öl aus einer Bio-Ölmühle mit DHA.

250 g Magerquark, Seidentofu oder Pflanzen-Skyr
4 – 6 EL Leinöl (Menge nach Geschmack)
Salz
Pfeffer
2 Scheiben Vollkornbrot
1 Bund Schnittlauch, fein geschnitten

- ☐ Quark, Tofu oder Skyr mit dem Leinöl kräftig verrühren, bis er glatt, weich und gelblich ist.
- ☐ Mit Salz und Pfeffer abschmecken und mindestens eine Stunde (noch besser über Nacht) abgedeckt durchziehen lassen.
- ☐ Den Quark auf die Brotscheiben geben und mit Schnittlauchröllchen bestreuen.

Tipp: *Leinölquark schmeckt auch lecker zu Pellkartoffeln und grünem Salat. Wer den Geschmack von Leinöl nicht so gerne mag, kann zum Beispiel auch morgens nur einen Teelöffel Öl mit ins Müsli geben oder es sonst in Desserts und Süßspeisen verstecken. Sehr schön sind auch Bio-Mischöle mit Zitrusanteilen – die schmecken dann wieder hervorragend in einem Obstsalat.*

Brot mit Olivencreme

Die Olivencreme ist auch als Dip oder als Füllung für ausgehöhlte Kirschtomaten einsetzbar. Ein echter Knüller für Olivenfans!

250 g Magerquark, Seidentofu oder Pflanzen-Skyr
25 g Schafskäse oder fester Tofu,
in Würfel geschnitten und einige Stunden in Zitronensaft eingelegt
1 TL Olivenöl
5 grüne Oliven ohne Stein
1 kleine Knoblauchzehe, zerdrückt
1 Spritzer grüne Tabascosauce
Kräutersalz
bunter Pfeffer, frisch gemahlen
2 Scheiben Vollkornbrot
glatte Petersilienblättchen zum Garnieren

- □ Alle Zutaten für die Olivencreme, außer Salz und Pfeffer im Mixer oder mit dem Pürierstab pürieren.
- □ Olivencreme mit Salz und Pfeffer abschmecken.
- □ Auf die Brotscheiben streichen und mit den Petersilienblättchen garnieren.

Tipp: Der cremig weiche Seidentofu, der sowohl für süße als auch für herzhafte Speisen ähnlich wie Quark verwendet werden kann, wird aus den gleichen Zutaten (Sojabohnen plus Wasser und Gerinnungsmittel) hergestellt wie fester Tofu, hat aber einen deutlich höheren Flüssigkeitsanteil. Das kommt daher, dass das Wasser nach der Gerinnung einfach weniger stark ausgepresst wird. Früher presste man ihn gar nicht, sondern hängte ihn in Seidentüchern zum Abtropfen auf, daher der schöne Name.

Brötchen mit rohem Pflaumenmus

Leckeres Pflaumenmus muss nicht unbedingt stundenlang im Ofen brodeln. Trockenpflaumen liefern Eisen und für die Darmflora günstige Ballaststoffe. Das rohe Mus ist ein gesunder Genuss.

250 g Trockenpflaumen, entsteint
Wasser zum Einweichen
1 – 2 EL Zitronensaft, frisch gepresst
1 Prise Zimtpulver
1 Prise Gewürznelkenpulver
2 Vollkornbrötchen
etwas Butter oder Margarine

- Pflaumen in einer Schüssel knapp mit Wasser bedecken und einen Tag einweichen lassen.
- Im Mixer oder mit dem Pürierstab pürieren.
- Mit dem Zitronensaft und den Gewürzen abschmecken.
- Brötchen mit Butter oder Margarine und dem frischen Mus bestreichen.

Brötchen mit süßem Sesammus

Rosinen, Sesammus und Weizenkeime enthalten Eisen, Kalzium, Magnesium und andere besonders in der Schwangerschaft wichtige Inhaltsstoffe wie Zink. Probieren Sie doch einmal diesen selbst zubereiteten, süßen Brotaufstrich.

25 g Rosinen
3 EL Zitronensaft, frisch gepresst
25 g Tahin (Sesammus)
25 g Weizenkeime
25 g Honig oder Agavensirup
2 Vollkornbrötchen
etwas Butter oder Margarine

- Rosinen mit Zitronensaft beträufeln und einige Stunden einweichen lassen.
- Anschließend mit Sesammus, Weizenkeimen und Honig oder Agavensirup vermengen und im Mixer oder mit dem Pürierstab pürieren.
- Brötchen mit Butter oder Margarine und dem frischen Sesammus bestreichen.

Bananen-Erdnuss-Brot

Eine besonders gesunde Kombination aus Nordamerika, wo die eiweiß- und magnesiumreiche »Peanut Butter« zu den Grundnahrungsmitteln gehört. Hier in der vollwertigen Variante.

2 Scheiben Vollkornbrot
2 EL Erdnussmus
2 reife Bananen
etwas Zitronensaft

- □ Die Brotscheiben mit Erdnussmus bestreichen.
- □ Die Bananen schälen, der Länge nach durchschneiden und die Brote damit belegen.
- □ Mit Zitronensaft beträufeln.

Tipp: *Erdnüsse sind eigentlich gar keine Nüsse, sondern Hülsenfrüchte, und eng mit Erbsen und Bohnen verwandt. In der englischen Bezeichnung peanuts (»Erbsennüsse«) klingt das noch deutlich an. Im Gegensatz zur amerikanischen Peanut Butter enthält Bio-Erdnussmus nur eine Zutat: gemahlene und pürierte Erdnüsse. Deshalb ist es zwar kalorienreich, aber voller wertvoller Inhaltsstoffe.*

Salate

Schneller Brokkoli-Couscous-Salat

Couscous ist ein Grundnahrungsmittel der nordafrikanischen Küche und wird aus dem Grieß von Hartweizen oder Dinkel hergestellt. Die kleinen Körnchen bestechen durch die schnelle Zubereitung und in der Vollkornvariante durch gesunde Inhaltsstoffe wie Kalium, Zink und B-Vitamine.

80 g Couscous
100 g Brokkoliröschen, ganz fein geschnitten
1 Tomate, ganz klein gewürfelt
½ Frühlingszwiebel, sehr fein geschnitten
1 EL Petersilie, fein gehackt
4 Blättchen Minze, fein gehackt
2 EL Zitronensaft
2 EL Rapsöl
Salz
Pfeffer

- ☐ Couscous etwa zehn Minuten in lauwarmem Wasser einweichen. Abgießen, in ein Sieb geben und über einem Topf mit kochendem Wasser etwa zwölf Minuten im Dampf garen und anschließend abkühlen lassen.
- ☐ Couscous, Brokkoli, Tomate, Zwiebel, Petersilie und Minze mischen.
- ☐ Zitronensaft und Rapsöl verquirlen, mit Salz und Pfeffer würzen und unter den Salat heben.

Tipp: *Für eine eiweißreiche Variante kann auch Kichererbsen-Couscous verwendet werden. Noch farbenfroher und knackiger wird der Salat mit ein paar Granatapfelkernen.*

Bunter Salat mit Tahindressing

Tahin (Sesammus) steckt voller Eisen, Kalzium und B-Vitamine. Es schmeckt nicht nur als Dip zu warmen Gemüsegerichten. Mit Zitronensaft und Knoblauch wird daraus ein würziges Salatdressing.

200 g Salatgurke, in Scheiben geschnitten
200 g Zucchini, in dünne Scheiben geschnitten
100 g Brokkoli, in Röschen geteilt
2 Möhren, in dünne Scheiben geschnitten
2 Handvoll frische Sprossen (z. B. Alfalfa- oder Linsenkeimlinge)
1 EL Tahin (Sesammus)
1 Knoblauchzehe, zerdrückt
Saft einer halben Zitrone
2 EL Wasser
Salz
Pfeffer

- ☐ Gurke, Zucchini, Brokkoli, Möhren und Sprossen mischen.
- ☐ Tahin mit Knoblauch, Zitronensaft und Wasser verrühren.
- ☐ Das Tahindressing mit Salz und Pfeffer würzen und unter den Salat ziehen.

Italienischer Gemüsesalat

Alle Farben der gesunden Pflanzenküche sind auf diesem Salatteller vertreten, Mittelmeerflair ist inklusive.

150 g Brokkoli, in kleine Röschen geschnitten
80 g Möhren, klein gewürfelt
1 Tomate, klein gewürfelt
1 Avocado, geschält und gewürfelt
1 EL mit Paprika gefüllte grüne Oliven, in dünne Scheiben geschnitten
1 TL Kapern
2 EL Zitronensaft
1 Zweig frischer Estragon, fein gehackt
100 g saure Sahne oder Pflanzen-Skyr
Salz
Pfeffer
4 getrocknete, in Öl eingelegte Tomaten, in lange, dünne Streifen geschnitten
½ Bund Schnittlauch, fein geschnitten

- □ Brokkoli, Möhren und Tomate mit Avocado, Oliven und Kapern mischen. Zitronensaft und Estragon darunterziehen und den Salat auf einen großen Teller geben.
- □ Saure Sahne oder Pflanzen-Skyr mit Salz und Pfeffer würzen und über den Salat streichen.
- □ Gemüsesalat sternförmig mit Tomatenstreifen belegen und mit Schnittlauchröllchen bestreuen.

Rohkostteller mit Kräuterdip

Auf diesem Rohkostteller ist vieles versammelt, was reichlich Folsäure zu bieten hat. Greifen Sie tüchtig zu und stellen Sie gleich auch noch ein Schälchen mit Sonnenblumenkernen, Haselnüssen, Mandeln und Walnüssen dazu.

100 g kleine Blumenkohlröschen
100 g kleine Brokkoliröschen
100 g Fenchel, grob geschnitten
100 g Kohlrabi, geschält und grob geschnitten
100 g Möhren, in Stifte geschnitten
50 g Radieschen, halbiert
250 g Joghurt oder Sojajoghurt
½ TL Zitronensaft
Salz
Pfeffer
1 Handvoll gemischte Kräuter, z. B. Petersilie, Schnittlauch, Zitronenmelisse, Basilikum, sehr fein geschnitten

- Gemüse auf einem großen Teller hübsch anrichten.
- Joghurt oder Sojajoghurt mit Zitronensaft verrühren, mit Salz und Pfeffer würzen. Zum Schluss die Kräuter unterziehen und den Kräuterdip zu dem Gemüse servieren.

Roter Avocadosalat

Gesundes Pflanzenfett aus der Avocado und dem Pflanzenöl, kombiniert mit Folsäure aus der Roten Bete und reichlich bioaktiven Substanzen – ein idealer Nährstoffmix!

1 reife Avocado, geschält und gewürfelt
1 kleine Zwiebel, fein gehackt
100 g frische Rote Bete, geschält und grob geraspelt
3 EL Lein- oder Rapsöl
3 EL Zitronensaft
Salz
Pfeffer
2 Handvoll frische Sprossen (z. B. Alfalfa- oder Linsenkeimlinge)

- □ Avocado mit Zwiebel und Roter Bete mischen.
- □ Aus Öl, Zitronensaft, Salz und Pfeffer eine Marinade bereiten und darübergießen.
- □ Den Salat abschmecken und mit den Sprossen bestreuen.

Kidneybohnen-Avocado-Salat

Die dunkelroten Bohnen sind kleine kompakte Nährstoffpakete. Nicht nur das pflanzliche Eiweiß, auch ihr relativ hoher Eisengehalt, die vielen Ballaststoffe sowie Folsäure und Magnesium sprechen dafür, sie möglichst oft einzusetzen. Die rote Paprika hilft mit ihrem Vitamin C, das pflanzliche Eisen auch aufzunehmen.

250 g Kidneybohnen, gekocht
1 reife Avocado, geschält und klein geschnitten
1 rote Paprika, fein gewürfelt
2 EL frische Kräuter, fein gehackt
Saft einer halben Zitrone
2 EL Olivenöl
1 EL Balsamico-Essig
Salz
Pfeffer

- □ Kidneybohnen, Avocado, Paprika und Kräuter mischen.
- □ Mit einer Marinade aus Zitronensaft, Öl, Essig, Salz und Pfeffer abschmecken und sofort servieren.

Erfrischender Salat mit Nori-Algen

Die aromatischen Nori-Algen finden in der japanischen Küche häufig Verwendung. Im Biohandel sind sie auch bei uns überall zu finden, meist in Form von getrockneten Blättern, die sich leicht zerkleinern lassen, oder gleich als Flocken, was für unsere Zwecke besonders praktisch ist.

2 EL zerkleinerte Nori-Blätter oder Nori-Flocken
1 Salatgurke, geschält und gewürfelt
1 Bund Radieschen, in Scheiben geschnitten
400 g Gemüsemais, gegart
2 Frühlingszwiebeln, in dünne Streifen geschnitten
2 EL Öl
1 EL Essig
Salz
Pfeffer

- □ Die Algen fünf Minuten in Wasser einweichen, dann 20 Minuten in dem Einweichwasser sanft köcheln lassen.
- □ Nori-Algen abtropfen und abkühlen lassen.
- □ Gurke, Radieschen, Mais und Zwiebeln mischen.
- □ Mit Öl, Essig, Salz und Pfeffer abschmecken und die Algen unterziehen.

Tipp: *Schmuggeln Sie Nori-Algen ruhig auch in andere Salate ein, zum Beispiel mit Roter Bete, Gewürzgurke, Apfel und Mayo- oder Sojanaise in einen »falschen Heringssalat«. Wer genau hinschmeckt, spürt das Meer …*

Kichererbsensalat

Ein sättigender Salat, der Sie mit B-Vitaminen, Folsäure und Mineralstoffen wie Eisen und Magnesium versorgt.

250 g Kichererbsen, gekocht
1 grüne Paprika oder ½ Salatgurke, gewürfelt
2 Tomaten, klein gewürfelt
2 EL Olivenöl
1 EL Balsamico-Essig
Salz
Pfeffer
1 Frühlingszwiebel, in feine Ringe geschnitten
2 EL Petersilie, fein gehackt
½ Zitrone, geschält und in kleine Stücke geschnitten

□ Kichererbsen, Paprika oder Gurke und Tomaten mischen.
□ Mit einem Dressing aus Öl, Essig, Salz und Pfeffer anrichten.
□ Den Salat mit Zwiebelringen, Petersilie und Zitronenstückchen bestreuen.

Rapunzel (Feldsalat)

Eines der bekanntesten literarisch dokumentierten Schwangerschaftsgelüste stammt aus einem Märchen der Gebrüder Grimm: Eine schwangere Frau schaut in den von einer hohen Mauer umgebenen Nachbargarten hinab und »erblickt ein Beet, das mit den schönsten Rapunzeln bepflanzt war; und sie sahen so frisch und grün aus, dass sie lüstern war und das größte Verlangen empfand, von den Rapunzeln zu essen«.

Ihr Mann erbarmt sich, steigt heimlich in den Nachbargarten hinab und ... der Rest ist Geschichte!

Wie so viele plötzliche Appetitanfälle in der Schwangerschaft, hat auch dieser einen realen Hintergrund: Wegen seines relativ hohen Eisen- und Folsäuregehalts ist Feldsalat für Sie jetzt supergesund. Machen Sie ihn zu Ihrem Standardsalat und kreieren Sie neue Variationen, indem Sie ihn mit verschiedenen Vitamin-C-Quellen kombinieren, um die Aufnahme des Eisens zu fördern. Hier einige Beispiele.

Rapunzelsalat mit Paprika

100 g Rapunzel (Feldsalat), gründlich verlesen und gewaschen
1 rote Paprika, klein geschnitten
1 Knoblauchzehe, fein gehackt
1 EL Rapsöl
1 TL Balsamico-Essig
Kräutersalz
Pfeffer

□ Rapunzel mit Paprika vermischen.
□ Knoblauch mit Öl und Essig verquirlen und unter den Salat heben.
□ Mit Kräutersalz und Pfeffer würzen.

Rapunzelsalat mit Sanddornsauce

100 g Rapunzel, gründlich gewaschen
½ Apfel, entkernt und in kleine Stücke geschnitten
100 g Naturjoghurt oder Sojajoghurt
1 EL Sandornmus
Saft einer halben Orange
Pfeffer

- □ Rapunzelsalat und Apfelstückchen mischen.
- □ Joghurt, Sanddornmus und Orangensaft verrühren.
- □ Dressing mit Pfeffer würzen und unter den Salat heben.

Rapunzelsalat mit Orange und Sojasauce

100 g Rapunzel, gründlich gewaschen
1 Orange, geschält und in kleine Stücke geschnitten
1 EL Olivenöl
1 EL Balsamico-Essig
1 EL Tamari-Sojasauce
1 TL Gomasio (Sesamsalz)
Pfeffer

- □ Rapunzelsalat und Orangenstückchen mischen.
- □ Öl, Essig und Sojasauce verquirlen, mit Kräutersalz und Pfeffer würzen und unter den Salat heben.

Spinat-Birnen-Salat

Auch wenn er nicht ganz so viel Eisen enthält wie früher angenommen, trägt Spinat doch zur Eisenversorgung bei und liefert zudem reichlich Kalium, Kalzium, Magnesium und Folsäure. Als Rohkost und in Kombination mit Birnen und Walnüssen schmeckt er besonders lecker.

150 g frischer Blattspinat
1 Birne, in dünne Spalten geschnitten
Saft von einer halben Zitrone
50 g Walnusskerne, in Hälften
1 EL Walnussöl
1 EL Balsamico-Essig
1 EL Tamari-Sojasauce
Salz
Pfeffer

- □ Geputzte Spinatblätter aufeinanderlegen und in etwa zwei Zentimeter breite Streifen schneiden. In eine Salatschüssel geben.
- □ Birnenspalten darauflegen, mit dem Zitronensaft beträufeln und mit den Walnusshälften bestreuen.
- □ Öl, Essig und Sojasauce verquirlen und das Dressing über den Salat gießen.
- □ Vor dem Servieren 30 Minuten durchziehen lassen und den Salat mit Salz und Pfeffer abschmecken.

Salat von dreierlei Bohnen

Wenn Sie vor der Stillzeit noch einmal so richtig in Bohnen schwelgen möchten, ist dies genau der richtige Salat für Sie.

150 g grüne Bohnen
150 g gelbe Bohnen (Wachsbohnen)
150 g frische Dicke Bohnen
Salz
½ grüne Paprika, fein gewürfelt
1 rote Zwiebel, grob gehackt
1 EL Raps- oder Olivenöl
2 EL Essig
1 Knoblauchzehe, zerdrückt
1 TL Honig oder Agavendicksaft
½ TL Tamari-Sojasauce
Pfeffer

- Bohnen in Salzwasser 15 – 20 Minuten garen und anschließend abkühlen lassen.
- Die Bohnen mit der Paprika und den Zwiebeln mischen.
- Restliche Zutaten zu einer Salatsauce vermischen und unterrühren.
- Den Salat mit Salz und Pfeffer abschmecken.

Kartoffelsalat mit Wildkräutern

Wildkräuter enthalten Folsäure und Mineralstoffe wie Kalium, Magnesium, Kalzium und Eisen, außerdem gesundheitsfördernde bioaktive Pflanzenstoffe. Im Frühjahr besonders lecker!

250 g Kartoffeln
2 Handvoll Wildkräuter (z. B. Löwenzahn, Sauerampfer, Brennnessel)
1 Zwiebel, klein geschnitten
2 EL Lein- oder Rapsöl
1 EL Weißweinessig
Salz
Pfeffer

- ☐ Kartoffeln etwa 30 Minuten garen. Anschließend abkühlen lassen, schälen und in Scheiben schneiden.
- ☐ Wildkräuter fein hacken (Brennnesseln vorher zwei Minuten in kochendem Wasser blanchieren).
- ☐ Die gehackten Kräuter mit den Kartoffeln und der Zwiebel mischen.
- ☐ Kartoffelsalat mit Öl, Essig, Salz und Pfeffer anmachen und abschmecken.

Tipp: *Wildkräuter am besten im eigenen Garten wachsen lassen, dann können sie gleich vor der Haustüre geerntet werden. Wenn das nicht geht, bitte nicht in der Nähe viel befahrener Straßen oder Hunde-Gassi-Routen ernten.*

Chicoréeschiffchen

Eine ungewöhnliche Kombination, die Augen und Gaumen erfreut.

2 Chicorées
1 TL Olivenöl
1 TL Senf
100 g Seidentofu oder Magerquark
1 TL Zitronensaft
1 EL Hefe-Würzflocken oder Parmesan, frisch gerieben
Salz
Pfeffer
1 Prise Roh-Rohrzucker
2 in Öl eingelegte, getrocknete Tomaten, in dünne Streifen geschnitten

- □ Chicorées der Länge nach halbieren und vorsichtig den Strunk keilförmig herausschneiden.
- □ Mit dem Schneebesen Öl und Senf verrühren. Tofu oder Quark, Zitronensaft und Würzflocken oder Parmesan zugeben und glatt rühren, mit Salz, Pfeffer und Zucker abschmecken.
- □ Auf die Schnittfläche der Chicorées je einen dicken Klecks Senfsauce geben und die Hälften mit den Tomatenstreifen verzieren.

Spinat-Reis-Salat

Wenn Reis, dann Vollkornreis: In der Schale sitzen, wie so oft, die meisten Nährstoffe.

180 g Vollkornreis
1 Lorbeerblatt
½ TL Fenchelsamen
½ l Gemüsebrühe
100 g frischer Blattspinat, in feine Streifen geschnitten
½ Bund Radieschen, in kleine Stifte geschnitten
1 kleine Zwiebel, gehackt
½ TL Hefeextrakt
1 TL Essig
1 EL Öl
2 EL Tomatensaft

- ☐ Reis mit dem Lorbeerblatt und den Fenchelsamen in der Gemüsebrühe 40 Minuten oder nach Packungsangabe garen, anschließend abkühlen und ausquellen lassen.
- ☐ Gekochten Reis mit Spinat und Radieschen mischen.
- ☐ Alle übrigen Zutaten zu einem Dressing verrühren, unter den Salat heben und den Reissalat einige Stunden durchziehen lassen.

Blumenkohlsalat mit Haselnüssen

Blumenkohl liefert Kalium, Kalzium und Magnesium. Hier präsentiert er sich zur Abwechslung einmal als Rohkost in Gesellschaft gesunder Haselnüsse.

½ kleiner Blumenkohl
80 g Joghurt oder Sojajoghurt
½ TL Honig oder Agavensirup
Salz
Pfeffer
2 EL Zitronensaft
1 Handvoll Eichblatt-, Eisberg- oder Endiviensalat
2 EL frische Kresse
2 EL ganze Haselnüsse

- ☐ Vom geputzten Blumenkohl den Strunk entfernen und die Röschen sehr fein schneiden.
- ☐ Joghurt mit Honig oder Agavensirup, Salz, Pfeffer und Zitronensaft verrühren und mit dem Blumenkohl vermischen.
- ☐ Den Salat etwa 30 Minuten durchziehen lassen.
- ☐ Blattsalat in dünne Streifen schneiden und zusammen mit der Kresse und den Haselnüssen unter den Salat heben.

Suppen

Kürbis-Linsen-Suppe

Eine feine Suppe, die durch ihre besonders schöne Farbe besticht.

1 kleine Zwiebel, fein gehackt
1 EL Olivenöl
250 g Kürbisfleisch, gewürfelt
½ l Gemüsebrühe
70 g rote Linsen
einige Spritzer rote Tabascosauce
1 TL Tahin (Sesammus)
2 EL frische Sprossen

- ☐ Zwiebel im Olivenöl in einem Topf glasig dünsten.
- ☐ Kürbiswürfel zugeben und einige Minuten mitdünsten lassen.
- ☐ Gemüsebrühe angießen, zum Kochen bringen und den Kürbis etwa zehn Minuten kochen.
- ☐ Linsen zugeben und die Suppe weitere zehn Minuten kochen lassen, bis die Linsen weich sind.
- ☐ Tabasco und Tahin zugeben und die Suppe im Mixer oder mit dem Pürierstab pürieren.
- ☐ Die Suppe auf zwei Teller verteilen und mit Sprossen garnieren.

Tipp: Wenn die Sprossen nicht selbst gezogen sind und Bedenken wegen eventueller Keimbelastungen bestehen, können Sie die Suppe auch nach dem Pürieren noch einmal auf den Herd stellen und die Sprossen kurz miterhitzen.

Grüne Radieschensuppe

Auch die frischen grünen Blätter von Radieschen sind eisenreich und äußerst gesund. Wer bisher noch nicht wusste, dass man sie ebenfalls essen kann, wird sich diese leckere Suppe doppelt schmecken lassen.

1 ½ Bund Radieschen mit Blättern
½ Zwiebel, geschält und fein gehackt
1 EL Butter oder Margarine
1 Stange Lauch, in Ringe geschnitten
½ l Gemüsebrühe
Salz
Pfeffer
80 ml Haferdrink oder Milch, frisch aufgeschäumt

- ☐ Ein paar Radieschen für später beiseite legen. Die restlichen Radieschen und die Radieschenblätter fein hacken.
- ☐ Zwiebel in der Butter oder Margarine in einem Topf glasig dünsten.
- ☐ Radieschen und Lauch zugeben und die Gemüsebrühe angießen. Im geschlossenen Topf etwa zehn Minuten kochen.
- ☐ Die Suppe im Mixer oder mit dem Pürierstab pürieren und mit Salz und Pfeffer abschmecken.
- ☐ Die Suppe in Teller gießen und den aufgeschäumten Haferdrink oder die aufgeschäumte Milch darübergeben. Restliche Radieschen in feine Stifte schneiden und die Suppe damit bestreuen.

Spargelsuppe mit Erbsen und Spinat

Grüner Spargel hat wenig Kalorien, liefert aber gesunde Mineralstoffe, vor allem Kalium, dazu die Vitamine C, E und Folsäure. Erbsen und Spinat ergänzen sein Nährstoffangebot mit noch mehr Folsäure, Eisen und Magnesium.

125 g grüner Spargel, nach Bedarf geschält
½ l Gemüsebrühe
150 g grüne Erbsen, frisch oder tiefgekühlt
150 g Blattspinat, frisch oder tiefgekühlt
Kräutersalz
Pfeffer
50 g saure Sahne oder Hafersahne
einige Blättchen frische Minze, gehackt

- ☐ Spargelspitzen abschneiden und zur Seite legen, restlichen Spargel in Stücke schneiden und in der Brühe etwa zehn Minuten garen.
- ☐ Erbsen und Spinat zugeben und das Gemüse weitere zehn Minuten köcheln lassen.
- ☐ Die Suppe im Mixer oder mit dem Pürierstab pürieren und mit Salz und Pfeffer abschmecken.
- ☐ Spargelspitzen wieder zur Suppe in den Topf geben und noch kurz köcheln lassen.
- ☐ Zum Schluss die Sahne einrühren und die Suppe mit Minze bestreuen.

Petersilien-Kartoffel-Suppe

125 g Kartoffeln, geschält und in Würfel geschnitten
1 kleine Zwiebel, grob gehackt
50 g grüne Bohnen
½ l Gemüsebrühe
½ Bund Petersilie, fein gehackt
80 g saure Sahne oder 80 ml Haferdrink, frisch aufgeschäumt
Salz, Pfeffer
1 EL Sonnenblumenkerne
einige Petersilienblätter zum Garnieren

- Kartoffeln, Zwiebel und Bohnen in der Brühe etwa 20 Minuten garen.
- Petersilie und gut die Hälfte des Haferdrinks oder der sauren Sahne zugeben.
- Die Suppe im Mixer oder mit dem Pürierstab pürieren und mit Salz und Pfeffer abschmecken. Nicht mehr kochen!
- Sonnenblumenkerne in einer Pfanne ohne Fett kurz anrösten.
- Die Suppe auf zwei Teller verteilen und jeweils einen Klecks saure Sahne oder etwas aufgeschäumten Haferdrink darübergeben.
- Mit den Sonnenblumenkernen und den Petersilienblättchen garnieren.

Tipp: *Gemüse trocknen, zerkleinern, mit Salz und Gewürzen mischen – fertig ist das selbst gemachte Gemüsebrühe-Pulver.*

Linsen-Kokos-Suppe

Eine einfache Suppe mit raffinierter Wirkung. Besonders an kalten Tagen wunderbar würzig und wärmend.

1 kleine Zwiebel, gehackt
1 kleine Knoblauchzehe, zerdrückt
1 EL Sonnenblumenöl
100 g rote Linsen
½ TL Currypulver
½ l Gemüsebrühe
½ unbehandelte Orange
25 ml Kokosmilch
Salz
Pfeffer
25 g Kokos-Chips

- □ Zwiebel und Knoblauch im Öl andünsten, Linsen kurz mitdünsten lassen und mit Currypulver bestäuben.
- □ Gemüsebrühe angießen und die Suppe bei schwacher Hitze etwa 20 Minuten köcheln lassen.
- □ Orange heiß abwaschen und die Hälfte der Schale fein abreiben. Von der restlichen Schale zum Garnieren einige sehr feine Streifen abschneiden. Die Orangenhälfte auspressen.
- □ Orangenschale und -saft sowie die Kokosmilch in die Suppe einrühren.
- □ Die Suppe im Mixer oder mit dem Pürierstab pürieren und mit Salz und Pfeffer abschmecken.
- □ Die Suppe auf zwei Teller verteilen und mit den Orangenschalenstreifen und Kokos-Chips garnieren.

Wirsingsuppe

200 g Wirsing, in Streifen geschnitten
100 ml Wasser
2 EL Butter oder Margarine
2 EL Weizenvollkornmehl
1 TL Dillsamen
½ l Gemüsebrühe
80 g saure Sahne oder Hafersahne
Salz
Pfeffer

- □ Wirsing in einen Topf geben, Wasser zugießen und zugedeckt etwa 20 Minuten dünsten. Eventuell noch etwas Wasser zugeben.
- □ Anschließend das Gemüse im Mixer oder mit dem Pürierstab pürieren.
- □ Butter oder Margarine in einem Topf erhitzen, Mehl und Dillsamen zugeben und anschwitzen. Die Gemüsebrühe nach und nach dazugießen und unter Rühren zum Kochen bringen.
- □ Den pürierten Wirsing und die Sahne unterheben.
- □ Suppe mit Salz und Pfeffer abschmecken.

Borschtsch (Rezept gegenüberliegende Seite)

Borschtsch

Rote Bete ist eisenreich und enthält darüber hinaus noch eine breite Palette anderer Mineralstoffe und Vitamine. Deshalb kann es eigentlich gar nicht genug Rezepte mit den roten Knollen geben. Kochen Sie von dieser Suppe ruhig eine größere Portion für die nächsten Tage. Am besten schmeckt der Borschtsch nämlich à la Witwe Bolte: wieder aufgewärmt.

½ Zwiebel, fein gehackt
1 Stange Sellerie, in feine Streifen geschnitten
1 EL Butter oder Margarine
750 ml Gemüsebrühe
½ Möhre, fein gewürfelt
½ Petersilienwurzel, fein gewürfelt
1 kleine Rote Bete, grob gewürfelt
100 g Weiß- oder Rotkohl, fein geschnitten
½ Knoblauchzehe, zerdrückt
½ TL Thymian
1 EL Tomatenmark
2 Pfefferkörner
Kräuteressig
Salz
2 EL saure Sahne oder Hafersahne

- □ Zwiebel und Sellerie in der Butter oder Margarine in einem Topf glasig dünsten.
- □ Gemüsebrühe zugießen und zum Kochen bringen.
- □ Möhre, Petersilienwurzel, Rote Bete, Kohl, Knoblauch, Thymian, Tomatenmark und Pfefferkörner zugeben und das Gemüse etwa 30 Minuten kochen.
- □ Die Suppe im Mixer oder mit dem Pürierstab nur grob pürieren. Bei Bedarf noch etwas Wasser zugießen.
- □ Nach Geschmack mit Kräuteressig und Salz abschmecken.
- □ Beim Servieren in die Mitte eines jeden Tellers einen ordentlichen Klecks saure Sahne oder Hafersahne geben.

Spinat-Zucchini-Cremesuppe

1 kleine Zwiebel, grob gehackt
250 g Zucchini, gewürfelt
1 EL Öl
80 g Blattspinat, frisch oder tiefgekühlt
1 Kartoffel, geschält und gewürfelt
½ l Gemüsebrühe
100 ml Schlagsahne oder Hafersahne
1 EL Petersilie, gehackt
Salz
Pfeffer

- Zwiebel und Zucchini im Öl in einem Topf andünsten, bis die Zwiebel glasig ist.
- Spinat, Kartoffel und Brühe zugeben und etwa 20 Minuten köcheln lassen.
- Die Suppe im Mixer oder mit dem Pürierstab pürieren.
- Sahne und Petersilie in die Suppe im Topf einrühren, nicht mehr kochen lassen.
- Zuletzt mit Salz und Pfeffer abschmecken.

Tipp: *Wegen ihres geringen Eigengeschmacks sind Zucchini herrlich wandelbar und Sie können dieses Rezept vielfältig variieren, zum Beispiel mit Mangold, Fenchel oder Tomaten statt Spinat, mit feinwürzigen Kräutern wie Kerbel, Dill oder Estragon. Oder Sie raspeln einen kleinen Zucchino zusätzlich grob auf der Reibe und rühren die knackigen Raspelsticks in die pürierte Suppe.*

Brennnesselsuppe

Im Frühjahr sollten Sie auf keinen Fall die Zeit verpassen, in der die Brennnesseln ihre jungen Spitzen treiben, denn Brennnesseln sind sehr gesund. Sie enthalten reichlich Vitamin C und Eisen, die Vitamine K, E und B_2 sowie zahlreiche Mineralstoffe wie Magnesium, Kalzium und Silizium.

150 g junge Brennnesselspitzen
1 Zwiebel, gehackt
1 Knoblauchzehe, zerdrückt
1 EL Butter oder Margarine
½ l Gemüsebrühe
2 kleine Kartoffeln, geschält und gewürfelt
100 ml Schlagsahne oder Hafersahne
Kräutersalz
Pfeffer
Muskatnuss, gerieben

- Brennnesseln im Spülbecken in Wasser tauchen und gründlich waschen.
- Zwiebeln und Knoblauch in der Butter oder Margarine glasig dünsten.
- Die abgetropften Brennnesseln dazugeben und unter ständigem Rühren zusammenfallen lassen. Mit der Brühe aufgießen und die Kartoffeln dazugeben.
- Die Suppe etwa 20 Minuten köcheln lassen und anschließend pürieren.
- Mit der Sahne vermischen und mit Kräutersalz, Pfeffer und Muskat abschmecken.

Tipp: *Beim Ernten der Brennnesselspitzen bitte die Handschuhe nicht vergessen. Sobald die Blätter dann gewaschen und im Kochtopf gelandet sind, verlieren die Härchen ihre brennende Wirkung.*

Brokkolisuppe mit Grünkernschrot

Brokkoli ist eine gute Quelle für Eisen und Kalzium. Auch Grünkern hat einiges an Mineralstoffen wie Kalium, Magnesium und Eisen beizutragen. Diese Suppe bereichert das gedarrte Korn mit seinem würzig nussigen Geschmack.

1 kleine Zwiebel, gehackt
1 EL Butter oder Margarine
½ l Gemüsebrühe
200 g Brokkoli, klein geschnitten
1 kleine Kartoffel, geschält und gewürfelt
30 g Grünkern, geschrotet
1 Schuss Schlagsahne oder Hafersahne
Kräutersalz
Pfeffer

- □ Zwiebel in der Butter oder Margarine in einem Topf glasig dünsten.
- □ Die Gemüsebrühe angießen. Brokkoli und Kartoffel dazugeben und die Suppe zehn Minuten köcheln lassen.
- □ Grünkernschrot dazugeben und zehn Minuten weitergaren.
- □ Suppe im Mixer oder mit dem Pürierstab pürieren.
- □ Mit Sahne, Kräutersalz und Pfeffer abschmecken.

Tipp: *Grünkern war so etwas wie das Markenzeichen der frühen Vollwertküche, der »Grünkernbratling« fast schon legendär. Heute ist das leckere Getreide fast schon wieder aus der Mode gekommen, was wirklich schade ist. Sein durch das Darren über Buchenholzfeuer entstehender, leicht rauchiger Geschmack macht es zu einer sehr feinen Zutat, die es wiederzuentdecken gilt.*

Hauptgerichte

Rheinische Sauerschnetzel

Für alle, die den Geschmack von Sauerbraten mochten, denn der steckt nicht im Fleisch, sondern in der besonderen Mischung von Gewürzen. Braucht Einweichzeit!

50 g grobe Sojaschnetzel
1 EL Tamari-Sojasauce
¼ l roter Traubensaft
3 EL Balsamico rosso oder Rotweinessig
1 EL Sauerbratengewürz
25 g Sellerie, klein gewürfelt
1 kleine Möhre, fein gewürfelt
1 kleine Schalotte, fein gehackt
50 ml Gemüsebrühe
1 EL saure Sahne oder Hafersahne
2 EL frische Kresse

- ☐ Sojaschnetzel mit Tamari in einer Schüssel vermischen.
- ☐ Traubensaft, Essig, Sauerbratengewürz und Gemüse in einem Topf aufkochen und etwa zehn Minuten köcheln lassen.
- ☐ Die Schnetzel mit der Flüssigkeit übergießen und mindestens zwei Stunden einweichen lassen (dabei gelegentlich umrühren).
- ☐ Anschließend die Sojaschnetzel abseihen und die Flüssigkeit auffangen.
- ☐ Kochflüssigkeit wieder in einen Topf geben, mit der Gemüsebrühe angießen und mit der sauren Sahne oder Hafersahne verfeinern.
- ☐ Die Schnetzel wieder in die Flüssigkeit geben, aufkochen und einige Minuten köcheln lassen. Mit der Kresse bestreuen und servieren.

Tipp: *Zu den Sauerschnetzeln schmecken Rotkohl und deftige Knödel.*

Sesamkartoffeln

Sesamsamen sind für ihren hohen Kalziumgehalt bekannt, liefern weitere Mineralstoffe wie Magnesium und Zink und sind auch sonst in jeder Hinsicht ein gesundes Lebensmittel. Streuen Sie sie ruhig öfter mal über Gemüse- und Kartoffelgerichte.

500 g Kartoffeln, geschält und in dünne Scheiben geschnitten
Fett für das Blech oder die Form
25 g Butter oder Margarine, zerlassen
Salz
20 g Sesamsamen

- ☐ Kartoffeln dachziegelartig auf einem gefetteten Backblech oder in einer breiten, gefetteten Auflaufform anordnen.
- ☐ Die zerlassene Butter oder Margarine über die Kartoffeln träufeln.
- ☐ Mit Salz würzen und mit Sesamsamen bestreuen.
- ☐ Sesamkartoffeln im Backofen bei 180 – 200 °C etwa 30 Minuten backen.

Rote-Bete-Kugeln

Herzhafte Energiebällchen, prallvoll mit Vitaminen und Mineralstoffen wie Folsäure und Kalium.

250 g möglichst kleine Rote Beten
Kümmel
Salz
50 g Weizenvollkornmehl
50 ml alkoholfreies Bier (0,0 % Alkohol) oder Mineralwasser mit Kohlensäure
1 EL zerlassene Butter oder Margarine
Öl zum Ausbacken

- ☐ Rote Beten in mit etwas Kümmel und Salz gewürztem Wasser bissfest garen, abgießen, abkühlen und schälen.
- ☐ Mehl mit Bier oder Mineralwasser glatt rühren. Zum Schluss die zerlassene Butter oder Margarine unterziehen.
- ☐ Den Teig mit einer Prise Salz würzen und etwa 30 Minuten ruhen lassen, eventuell noch etwas Mineralwasser dazugeben.
- ☐ Die Roten Beten mit einer Gabel in den Teig tauchen, sie sollten von allen Seiten mit Teig bedeckt sein.
- ☐ Rote-Bete-Kugeln in reichlich heißem Öl rundherum goldbraun ausbacken.

Tipp: *Dazu schmecken eine pikante Meerrettichsauce, Kartoffelpüree und ein grüner Salat aus Blattsalaten der Saison.*

Fenchel mit Orangensauce

Fenchel liefert Kalium, Kalzium und Folsäure. Außerdem tut er dem gereizten Magen gut. Zusammen mit cremigem Kartoffelpüree ist er Soulfood pur!

2 Fenchelknollen, halbiert
Salz
2 EL Butter oder Margarine
1 EL Weizenvollkornmehl
100 ml Orangensaft, frisch gepresst
abgeriebene Schale einer unbehandelten Orange
1 Handvoll Petersilie, fein gehackt

- □ Fenchel in Salzwasser etwa 15 Minuten garen und gut abtropfen lassen.
- □ Butter oder Margarine schmelzen, Mehl einrühren und anschwitzen.
- □ Orangensaft unter Rühren zugießen, die Sauce kurz aufkochen und andicken lassen.
- □ Orangenschale unterrühren, Sauce über den Fenchel gießen und mit Petersilie bestreuen.

Tipp: *Dazu passt gut ein frisches Kartoffelpüree, das sich je nach Lust und Laune variieren lässt, zum Beispiel farbig durch Zugeben pürierter Möhren oder Erbsen. Zu dem feinen Fenchelgericht schmeckt er auch mit (auf Wunsch veganem) Frischkäse verrührt, mit Salz und Knoblauchpulver kräftig gewürzt und mit aufgesetzten Butter- oder Margarineflöckchen überbacken.*

Spinat-Reis-Auflauf

Spinat, Kidneybohnen und Vollkornreis sind in diesem Auflauf die Eisenlieferanten. Die weiteren Zutaten ergänzen die rundum gesunde Nährstoffpalette.

180 g Vollkornreis
½ l Gemüsebrühe
1 Zwiebel, gehackt
1 EL Rapsöl
250 g Kidneybohnen, gekocht
1 TL getrockneter Majoran
Salz
Pfeffer
300 g Blattspinat, in grobe Streifen geschnitten
2 Tomaten, in dünne Scheiben geschnitten
150 g saure Sahne oder Hafersahne
1 – 2 EL Milch oder Haferdrink

- ☐ Reis in die kochende Gemüsebrühe geben und etwa 40 Minuten bei geringer Hitze garen und anschließend ausquellen lassen.
- ☐ Zwiebel im Rapsöl glasig dünsten und mit den Kidneybohnen unter den Reis mischen.
- ☐ Die Reismischung kräftig mit Majoran, Salz und Pfeffer würzen und in eine Auflaufform geben.
- ☐ Spinatblätter in ganz wenig Wasser unter ständigem Rühren dünsten und zusammenfallen lassen. Die Reismischung damit bedecken.
- ☐ Tomatenscheiben auf dem Spinat in der Auflaufform verteilen.
- ☐ Sahne mit der Milch oder dem Haferdrink verrühren und über die Tomaten streichen.
- ☐ Den Auflauf im Backofen bei 180 – 200 °C etwa 20 Minuten überbacken.

Gedämpftes Gemüse mit Petersiliensauce

Die frischen Petersilienblätter sind reich an Vitamin C und enthalten Magnesium und Eisen. Sie sind eine gute Ergänzung zum Vitamin- und Nährstoffangebot der bunten Gemüsepalette.

400 g Kartoffeln, geschält und grob gewürfelt
150 g Blumenkohl, in große Röschen geteilt
150 g Brokkoli, in große Röschen geteilt
1 große Möhre, in dicke Scheiben geschnitten
2 EL Weizenvollkornmehl
2 EL Butter oder Margarine
200 ml kalte Gemüsebrühe
200 ml Milch oder Haferdrink
1 Bund Petersilie, sehr fein gehackt
Salz
Pfeffer

- ☐ Das Gemüse im Dämpfeinsatz eines Kochtopfs oder im Dampfgarer über wenig Wasser etwa 20 Minuten dämpfen.
- ☐ Mehl in der Butter oder Margarine anschwitzen, vom Herd nehmen und mit dem Schneebesen die kalte Gemüsebrühe unterrühren.
- ☐ Anschließend die Milch oder den Haferdrink zugießen und unter ständigem Rühren die Sauce noch einmal zum Kochen bringen.
- ☐ Sauce wieder vom Herd nehmen, die Petersilie unterziehen und mit Salz und Pfeffer abschmecken (nicht mehr kochen!).
- ☐ Petersiliensauce zusammen mit dem Gemüse servieren.

Avocado in Senfsauce

Während meiner Schwangerschaft überkam mich ein so unaufschiebbares Verlangen nach diesem Standardgericht meiner Großmutter, dass ich auf der Stelle alle Zutaten besorgen und mich an der würzig milden Sauce laben musste. Am besten schmeckt sie mit einem Riesenklacks Kartoffelpüree, in den man mit dem Löffel eine Mulde drückt und die Sauce hineingibt. Mit einem Löffel aus der Schale gelöste, eiförmige Avocadostücke erweisen sich hier als leckere Ergänzung. Vegetarierinnen können sie auch durch hart gekochte Eier ersetzen.

2 EL Weizenvollkornmehl
2 EL Butter oder Margarine
200 ml kalte Gemüsebrühe
200 ml Milch oder Haferdrink
4 EL mittelscharfer Senf (oder mehr – je nach Geschmack!)
1 Prise Vollrohrzucker
Salz
Pfeffer
1 kleine Avocado oder 2 Eier, hart gekocht

- Mehl in der Butter oder Margarine anschwitzen, vom Herd nehmen und mit dem Schneebesen die kalte Gemüsebrühe unterrühren.
- Anschließend die Milch oder den Haferdrink zugießen und unter ständigem Rühren noch einmal zum Kochen bringen.
- Den Senf unterziehen und die Sauce mit Zucker, Salz und Pfeffer abschmecken.
- Die Avocado halbieren und das Fruchtfleisch mit einem Teelöffel herauslösen oder die Eier schälen und halbieren. Die Senfsauce zusammen mit den Avocadostücken oder den Eihälften servieren.

Linsen-Brokkoli-Gratin

Das an Eiweiß, Kalzium und Beta-Karotin reiche Gratin kann wahlweise mit Käse oder einem veganen Hefeschmelz überbacken werden.

200 g rote Linsen
600 ml Gemüsebrühe
1 Zwiebel, gehackt
½ cm großes Stück Ingwer, fein gehackt, oder ½ TL Ingwer, gemahlen
2 EL Olivenöl
400 g Brokkoli
Fett für die Form
Saft und abgeriebene Schale einer halben unbehandelten Zitrone
Salz
Pfeffer
50 g Emmentaler, frisch gerieben, oder Hefeschmelz

Für den Hefeschmelz:
4 EL Margarine
6 TL Weizenvollkornmehl
¼ l Wasser
1 EL Senf
8 EL Hefeflocken

- □ Linsen in der Gemüsebrühe etwa 20 Minuten köcheln lassen.
- □ Zwiebel mit dem Ingwer oder Ingwerpulver im Olivenol glasig dünsten.
- □ Brokkoli im Dämpfeinsatz garen und in eine flache, gefettete Auflaufform geben.
- □ Linsen und Zwiebeln mit Zitronensaft und Zitronenschale mischen, im Mixer oder mit dem Pürierstab pürieren und mit Salz und Pfeffer abschmecken.
- □ Die Linsencreme über den Brokkoli streichen und mit dem Käse bestreuen.
- □ Für die vegane Variante für den **Hefeschmelz** aus Margarine, Mehl und Wasser eine Mehlschwitze herstellen, mit Senf und Hefeflocken würzen. Über die Linsencreme geben.
- □ Im Backofen bei 180 – 200 °C etwa 20 Minuten überbacken.

Makkaroni mit Petersilie und Zitronen-Zucchini

Vollkornnudeln liefern komplexe Kohlenhydrate, Zucchini und Petersilie Vitamine und Mineralstoffe, bei deren Aufnahme die Zitrone hilft – ein echtes Dream-Team!

300 g Vollkornmakkaroni
Salz
250 g Zucchini, in dünne Scheiben geschnitten
2 EL Olivenöl
Saft und abgeriebene Schale einer halben unbehandelten Zitrone
1 Bund Petersilie, fein gehackt
Pfeffer
50 g Parmesan, frisch gerieben, oder 2 EL Hefeflocken

- ☐ Nudeln in reichlich Salzwasser bissfest kochen, abgießen und in den heißen Kochtopf zurückgeben.
- ☐ Zucchini im Olivenöl in einer Pfanne weich dünsten.
- ☐ Gedünstete Zucchini vom Herd nehmen, mit Zitronensaft und -schale und Petersilie mischen und mit Salz und Pfeffer abschmecken.
- ☐ Das Gemüse über die Nudeln geben und mit Parmesan oder Hefeflocken bestreuen.

Chinesische Bratnudeln

Bestellen Sie im chinesischen Restaurant auch so gern gebratene Nudeln mit Gemüse? Mit dem folgenden Rezept können Sie sie zu Hause nachkochen.

200 g Vollkornspaghetti
Salz
8 Shiitakepilze, fein geschnitten
½ Stange Lauch, in feine Ringe geschnitten
125 g frische Sojasprossen, klein geschnitten
2 – 4 EL Sesamöl
2 – 4 EL Sojasauce
Pfeffer

- □ Die Spaghetti in reichlich Salzwasser bissfest garen, abgießen und beiseite stellen.
- □ Pilze, Lauch und Sojasprossen in zwei Esslöffeln heißem Sesamöl in einer großen Pfanne kräftig anbraten.
- □ Gekochte Spaghetti dazugeben und einige Minuten mitbraten lassen.
- □ Mit Sojasauce, Salz, Pfeffer und nach Belieben noch mit ein bis zwei Esslöffeln Sesamöl abschmecken.

Tipp: *Statt mit Pilzen schmecken die Bratnudeln auch mit fein gewürfelten Möhren.*

Brokkoli-Lasagne

Diese Gemüselasagne steckt nicht nur voller guter Nährstoffe wie Eisen, Kalzium und Kalium, mit ihren appetitlichen Grüntönen ist sie auch was für's Auge. Vegetarierinnen können sie mit Käse, Veganerinnen mit Hefeschmelz überbacken.

200 g Brokkoli, klein geschnitten
Salz
½ Zwiebel, fein gehackt
1 EL Rapsöl
150 g Champignons, in Streifen geschnitten
1 Knoblauchzehe, zerdrückt
1 TL Rosmarin
1 TL Majoran
Kräutersalz
150 g grüne Erbsen, frisch oder tiefgekühlt

Für die Bechamelsauce:
4 EL Butter oder Margarine
2 EL Weizenvollkornmehl
¼ l Milch oder Haferdrink
¼ l Gemüsebrühe
Pfeffer
Muskatnuss, gerieben

Fett für die Form
6 grüne Lasagneblätter
50 g Mozzarella, in dünnen Scheiben
50 g Parmesan, frisch gerieben, oder Hefeschmelz (siehe Rezept Seite 125)

- ☐ Brokkoli etwa zehn Minuten in Salzwasser kochen und abgießen.
- ☐ Die Zwiebelwürfelchen in Öl in einem Topf glasig dünsten.
- ☐ Pilze und Knoblauch dazugeben und kurz anbraten, mit Kräutern und Kräutersalz würzen. Brokkoli und Erbsen hinzufügen und noch einmal kurz weiterdünsten.
- ☐ Für die **Bechamelsauce** Butter oder Margarine zerlassen, Mehl anschwitzen, unter kräftigem Rühren erst die Milch oder den Haferdrink, dann die Gemüsebrühe dazugießen und die Sauce köcheln lassen.
- ☐ Sauce mit Kräutersalz, Pfeffer und Muskat abschmecken.
- ☐ In eine kleine gefettete Auflaufform zwei Lasagneblätter legen, darauf eine Schicht Gemüse geben und mit Sauce bedecken. In der gleichen Reihenfolge weiterschichten, bis die Zutaten aufgebraucht sind (oberste Schicht: Sauce).
- ☐ Mit Mozzarella und Parmesan bedecken. Für die vegane Variante aus Margarine, Mehl und Wasser eine Mehlschwitze herstellen, mit Senf und Hefeflocken würzen und den Hefeschmelz über die Lasagne streichen (Zutaten siehe Seite 125).
- ☐ Bei 200 – 220 °C im Backofen etwa 30 Minuten backen.

Blätterteigtaschen mit pikanter Erbsenfüllung

Hier treffen sich bodenständige Erbsen mit Exoten wie Kokos, Kreuzkümmel und Koriander. Kurkuma und Ingwer sorgen für antientzündliche Inhaltsstoffe – ideal in der Erkältungszeit.

4 Scheiben Blätterteig, tiefgekühlt
1 kleine Zwiebel, fein gewürfelt
1 Knoblauchzehe, zerdrückt
1 EL Butter oder Margarine
2 EL Zitronensaft
2 EL Wasser
100 g grüne Erbsen, frisch oder tiefgekühlt
1 TL Kokosraspel
½ TL Koriander, gemahlen
½ TL Kreuzkümmel, gemahlen
½ TL Ingwer, gemahlen
1 MSP Kurkuma
Salz
Pfeffer

- ☐ Blätterteigscheiben nebeneinander auslegen und antauen lassen.
- ☐ Zwiebel und Knoblauch in der Butter oder Margarine in einem Topf glasig dünsten.
- ☐ Zitronensaft mit dem Wasser mischen und zugießen.
- ☐ Erbsen, Kokosraspel und Gewürze (außer Salz und Pfeffer) zugeben und unter Rühren etwa fünf Minuten weiterdünsten. Mit Salz und Pfeffer abschmecken. Etwas abkühlen lassen.
- ☐ Blätterteigscheiben zu Quadraten ausrollen. Je einen Esslöffel Füllung auf eine Blätterteigscheibe geben. Die Scheibe zu einem Dreieck zuklappen und die Ränder gut zusammendrücken.
- ☐ Teigtaschen auf ein mit Backpapier ausgelegtes Backblech legen und bei 180 – 200 °C etwa 20 Minuten backen.

Knusprige Tofubällchen mit gespickten Orangenscheiben

Ein schönes Wintergericht, besonders in der Vorweihnachtszeit.

Für die Orangenscheiben:
1 Orange
8 Gewürznelken
1 TL Ingwer, gemahlen
1 EL Vollrohrzucker

Für die Tofubällchen:
125 g Tofu, mit der Gabel zerdrückt
1 ½ EL Parmesan, frisch gerieben, oder Hefeflocken
1 ½ EL Vollkornsemmelbrösel
1 TL Olivenöl
1 TL Sojasauce
1 kleine Knoblauchzehe, zerdrückt
3 EL Sesam
Fett zum Ausbacken

- Orange schälen und quer in vier dicke Scheiben schneiden. Mit jeweils zwei Gewürznelken spicken, auf beiden Seiten mit Ingwer und Vollrohrzucker bestreuen und beiseite stellen.
- Für die Tofubällchen alle Zutaten außer dem Sesam im Mixer oder mit dem Pürierstab vermengen.
- Mit nassen Händen acht kleine Bällchen formen und im Sesam wälzen.
- Tofubällchen in heißem Fett knusprig goldbraun ausbacken.
- Am Ende die gespickten Orangenscheiben an einer Seite der Pfanne einige Minuten mitbraten und karamellisieren lassen.

Tipp: Dazu schmecken Vollkornreis und eine pikante Sauce aus eingeweichten Trockenpflaumen, die mit etwas Apfelsaft, Gemüsebrühe und einem kleinen Stück Ingwer aufgekocht und anschließend püriert werden.

Grünkernbratlinge

Grünkern schmeckt schön herzhaft und hat reichlich Mineralstoffe im Gepäck. Die Grünkernmischung eignet sich auch sehr gut als Füllung für Gemüse, zum Beispiel für Zucchini oder Paprika.

150 g Grünkern, grob geschrotet
¼ l Gemüsebrühe
1 Zwiebel, gehackt
1 kleine Knoblauchzehe, zerdrückt
1 EL Butter oder Margarine
1 Ei oder 1 EL Sojamehl mit 2 EL Wasser verrührt und einige Minuten gequollen
50 g Räucherkäse oder Räuchertofu, in feine Würfel geschnitten
1 Handvoll Petersilie, gehackt
Öl zum Braten

- Grünkernschrot in der warmen Brühe in einem Topf mindestens 30 Minuten einweichen. Unter Rühren aufkochen und auf der abgeschalteten Platte ausquellen und abkühlen lassen.
- Zwiebeln und Knoblauch in der Butter oder Margarine glasig dünsten.
- Grünkern mit Ei oder angerührtem Sojamehl, Zwiebel, Käse oder Tofu und Kräutern mischen und zu Bratlingen formen.
- In reichlich Öl von beiden Seiten knusprig braun ausbacken.

Tofu-Ragout

Am besten schmeckt das Ragout mit Vollkornreis oder gekochtem Getreide. Bei festlichen Gelegenheiten eignet es sich auch hervorragend als Füllung, zum Beispiel für Königinpasteten.

200 g Tofu, grob gewürfelt
Saft einer Zitrone
Salz
Pfeffer
100 g Lauch, in feine Ringe geschnitten
1 EL Butter oder Margarine
¼ l Gemüsebrühe
150 g grüne Erbsen, frisch oder tiefgekühlt
100 ml Schlagsahne oder Hafersahne
1 EL Dijon-Senf
1 Handvoll frische Petersilie, fein gehackt

- Tofuwürfel mit Zitronensaft beträufeln und mit Salz und Pfeffer würzen.
- Lauch in der Butter oder Margarine in einem Topf andünsten, Tofu dazugeben und einige Minuten mitdünsten lassen.
- Gemüsebrühe angießen, Erbsen einstreuen und bei geringer Hitze 5 – 10 Minuten garen lassen.
- Sahne und Senf verquirlen und unter das Ragout ziehen.
- Vor dem Servieren mit der Petersilie bestreuen.

Tipp: *Beim Tofu-Kauf auf die Verwendung von Sojabohnen aus kontrolliert-biologischem Anbau achten. Inzwischen werden die Bohnen auch in Deutschland und in Österreich in Bio-Qualität produziert.*

Crêpes mit Kichererbsen

Braucht Einweich- und Ruhezeit!

Für die Crêpes:
¼ l Milch oder Haferdrink
125 g Weizenvollkornmehl
1 TL Sojamehl
1 TL Rapsöl
1 Prise Salz
Butter oder Margarine zum Ausbacken

Für die Kichererbsenfüllung:
1 Stange Lauch
1 EL Butter oder Margarine
125 g gekochte Kichererbsen
25 g Rosinen
100 ml Gemüsebrühe
50 g Frischkäse, auf Wunsch vegan
1 EL Estragon, getrocknet oder frisch und fein gehackt
Salz
Pfeffer

- □ Für die **Crêpes** alle Zutaten mit dem Rührgerät gut vermischen und den Teig etwa eine Stunde abgedeckt ruhen lassen.
- □ Inzwischen für die **Füllung** den Lauch in feine Ringe schneiden und in der Butter oder Margarine in einem Topf weich dünsten.
- □ Kichererbsen und Rosinen zugeben, Gemüsebrühe angießen und etwa zehn Minuten leise köcheln lassen.
- □ Frischkäse und Estragon unterrühren und die Füllung mit Salz und Pfeffer würzen.
- □ Je eine Suppenkelle Crêpe-Teig in eine mit Butter oder Margarine ausgestrichene, erhitzte Pfanne geben und dünn verteilen. Crêpes von beiden Seiten hellbraun ausbacken.
- □ Jeweils etwas Kichererbsenfüllung auf ein Viertel jeder Crêpe geben und die Crêpe zweimal umklappen.

Grünes Nudel-Bohnen-Gericht

Die ungewöhnliche Mischung aus Nudeln, Bohnen und Kartoffeln stammt aus Ligurien. Sättigende Kohlenhydrate, Vitamine und Mineralstoffe wie wertvolles Eisen versammeln sich hier auf besonders schmackhafte Weise. Die Farbe Grün beruhigt außerdem Augen und Nerven.

150 g grüne Bohnen, geputzt
2 Kartoffeln, geschält und in Scheiben geschnitten
100 g grüne Spirelli- oder Bandnudeln
2 EL Parmesan, frisch gerieben, oder Hefeflocken
1 Knoblauchzehe, zerdrückt
1 TL getrockneter Thymian
1 TL getrockneter Oregano
2 EL Olivenöl
1 TL Tamari-Sojasauce
Salz
Pfeffer

- ☐ In einem größeren Topf drei Liter Wasser zum Kochen bringen, grüne Bohnen und Kartoffeln hineingeben und etwa zehn Minuten kochen lassen.
- ☐ Nudeln dazugeben und weitere acht Minuten garen, dann abgießen (fünf Esslöffel des Kochwassers aufbewahren).
- ☐ Parmesan oder Hefeflocken, Knoblauch, Kräuter, Öl und Tamari-Sojasauce in einer Schüssel vermischen, mit Salz und Pfeffer kräftig würzen. Das aufbewahrte Kochwasser unterrühren und alles unter die heiße Nudel-Bohnen-Kartoffel-Mischung heben.

Quinoa-Gemüse-Topf

Wertvolles Eiweiß mit bunter Gemüsekombi – lecker und sättigend!

200 g Quinoa
1 kleine Zwiebel, gehackt
2 EL Rapsöl
½ l Wasser
2 Kartoffeln, klein geschnitten
3 Möhren, klein geschnitten
100 g grüne Erbsen, frisch oder tiefgekühlt
1 EL Petersilie, gehackt
10 schwarze Oliven
Salz
Pfeffer

- ☐ Quinoa unter fließendem heißen Wasser abwaschen und abtropfen lassen.
- ☐ Zwiebelwürfelchen in dem Öl in einem Topf glasig dünsten, Quinoa dazugeben und mitdünsten.
- ☐ Das Wasser nach und nach zugießen und das Getreide etwa 15 Minuten bei geringer Hitze quellen lassen.
- ☐ Kartoffeln, Möhren und Erbsen im Dampfgarer oder in einem Dämpfeinsatz im Kochtopf garen.
- ☐ Gemüse mit Quinoa, Petersilie und Oliven mischen und mit Salz und Pfeffer abschmecken.

Falscher Rollmops

Es soll ja werdende Mütter geben, die urplötzlich ein unbändiges Verlangen nach sauer eingelegtem Rollmops überfällt. Damit Sie diesen Drang auf vegetarisch-vegane Art und Weise stillen können, hier ein ganz besonders leckeres Rezept. Die verwendeten Nori-Algen helfen bei der Jodversorgung.

1 mittelgroßer, gerade gewachsener Zucchino
Saft einer halben Zitrone
3 – 4 EL Olivenöl
Salz
Pfeffer
Koriander, gemahlen
½ Blatt geröstete Nori-Algen, in 2 – 3 cm große Quadrate geschnitten
2 kleine Gewürzgurken, längs halbiert und in 2 – 3 cm lange Stücke geschnitten
1 Zwiebel, in kleine Spalten geschnitten
½ Bund Dill, in kleine Zweige gezupft
Zahnstocher

- □ Zucchino mit einer Brotschneidemaschine oder einem scharfen Messer in etwa vier Millimeter dicke Längsstreifen schneiden. (Die äußeren Streifen mit einer dunkelgrünen, abgerundeten Seite nicht verwenden.)
- □ Zitronensaft, zwei Esslöffel Öl, Salz und Pfeffer verrühren, auf den Zucchinostreifen verteilen und einige Stunden einziehen lassen.
- □ Die Streifen anschließend im restlichen Öl bei geringer Hitze vorsichtig anbraten, bis sie biegsam werden, herausnehmen und abtropfen lassen. Mit Salz, Pfeffer und etwas Koriander bestreuen.
- □ Auf jeden Zucchinistreifen ein Stück Nori-Alge, ein Stück Gewürzgurke, eine Zwiebelspalte und einen kleinen Dillzweig legen und einrollen.
- □ Mit Zahnstochern feststecken und auf einem hübschen Teller servieren.

Desserts

Crêpes mit süßer Dattelcreme

Braucht Einweich- und Ruhezeit! Die Dattelcreme eignet sich bei anderer Gelegenheit auch als eigenständiges Dessert.

Für die Crêpes:
¼ l Milch oder Haferdrink
125 g Weizenvollkornmehl
1 TL Sojamehl
1 TL Rapsöl
1 Prise Salz
Butter oder Margarine zum Ausbacken

Für die Dattelcreme:
60 g Datteln, entsteint
Saft einer halben Orange
125 g Speisequark (20 % Fett i. Tr.), Seidentofu oder Soja-Skyr
80 g Vanillejoghurt oder Vanille-Sojajoghurt
½ TL Zimtpulver

- □ Zunächst die Datteln für die Dattelcreme im Orangensaft einige Stunden einweichen lassen.
- □ Für die **Crêpes** alle Zutaten mit dem Rührgerät gut vermischen und den Teig etwa eine Stunde ruhen lassen.
- □ Für die **Dattelcreme** die eingeweichten Datteln mit dem Orangensaft pürieren.
- □ Quark oder Seidentofu, Vanillejoghurt und Zimt zu den Datteln geben, in der Küchenmaschine oder mit dem Handmixer zu einer glatten Creme verrühren und kühl stellen.
- □ Je eine Suppenkelle Crêpe-Teig in eine mit Butter oder Margarine ausgestrichene, erhitzte Pfanne geben und dünn verteilen.
- □ Crêpes von beiden Seiten hellbraun ausbacken, auf einen großen Teller geben.
- □ Jeweils etwas Dattelcreme auf ein Viertel jeder Crêpe geben und die Crêpes zweimal umklappen.

Mousse aus Trockenpflaumen

Eine kleine Extraportion Eisen in Form eines leckeren Nachtischs. Was könnte es Schöneres geben? Veganerinnen finden im Bioladen pflanzliche Sahne, die sich schön steif aufschlagen lässt.

Braucht Einweichzeit und Kühlzeit!

100 g Trockenpflaumen
Wasser zum Einweichen
1 TL Vollrohrzucker
¼ Vanilleschote, ausgekratzt
80 ml Schlagsahne, auf Wunsch vegan

- ☐ Trockenpflaumen über Nacht in Wasser einweichen.
- ☐ Abtropfen lassen und einen Esslöffel des Abtropfwassers beiseite stellen.
- ☐ Pflaumen entsteinen und klein schneiden.
- ☐ Den beiseite gestellten Esslöffel Einweichwasser mit dem Zucker, dem Vanillemark und den Trockenpflaumen im Mixer oder mit dem Pürierstab pürieren.
- ☐ Sahne steif schlagen und vorsichtig unter die Pflaumenmasse heben.
- ☐ Zwei bis drei Stunden in den Kühlschrank stellen, damit die Masse fest wird. Mit einem Eiskugelstecher oder mit zwei Löffeln Kugeln abstechen und sofort servieren.

Chia-Schoko-Creme

Wegen ihres beachtlichen Gehalts an Omega-3-Fettsäuren gelten Chiasamen vielen als Superfood. Abgesehen von der Frage, ob dieser Hype berechtigt ist, macht ihre enorme Quellfähigkeit sie für die pflanzliche Küche interessant. So lassen sich mit ihrer Hilfe ganz leicht und ohne Geliermittel köstliche Puddings und Cremes zubereiten. Für die leckere Schokocreme müssen Sie zwei Bananen einige Stunden vorher schälen und in Scheiben einfrieren sowie für die Chiasamen etwa 2 Stunden Quellzeit einplanen.

Braucht Zeit zum Einweichen und Gefrieren

2 kleine, reife Bananen, geschält und in Scheiben geschnitten
2 EL Chiasamen
120 ml Haferdrink
3 – 5 Datteln, entsteint
2 EL Kokosraspel
200 g fester Joghurt oder Sojajoghurt
3 TL Kakaopulver
2 Stücke Zartbitterschokolade (mindestens 75 % Kakao), grob geraspelt

- ☐ Die Bananen in das Tiefkühlgerät geben und einige Stunden einfrieren.
- ☐ Chiasamen und Haferdrink in einer Schüssel mischen und etwa 2 Stunden quellen lassen.
- ☐ Datteln und gefrorene Bananenstücken auf hoher Stufe im Mixer pürieren.
- ☐ Gequollene Chiasamen und restliche Zutaten auf niedriger Stufe untermixen.
- ☐ Creme in zwei Schälchen geben und mit Schokoladenraspeln bestreuen.

Süße Quinoa mit Apfel-Zwetschgen-Kompott

Quinoa, das supergesunde »Korn der Inkas«, enthält besonders hochwertiges Eiweiß, Magnesium und Eisen.

200 ml Milch oder Haferdrink
100 g Quinoa
1 EL Honig oder Agavensirup
50 g Vanillejoghurt oder Vanille-Sojajoghurt
125 g Zwetschgen, halbiert und entsteint
2 säuerliche Äpfel, geschält, entkernt und in Spalten (nicht Viertel!) geschnitten
2 EL Vollrohrzucker
¼ TL Zimtpulver
½ l Wasser

- □ Milch oder Haferdrink in einem Topf zum Kochen bringen. Quinoa unter fließendem heißen Wasser abspülen und zur Milch oder zum Haferdrink geben. Bei geringer Hitze 20 Minuten quellen lassen.
- □ Quinoa mit Honig oder Agavensirup und Vanillejoghurt verrühren.
- □ Zwetschgen, Äpfel, Zucker und Zimt in einem Topf in dem Wasser aufkochen und gut durchziehen lassen.
- □ Quinoa mit dem Kompott anrichten und nach Geschmack mit einer Mischung aus Zimt und Zucker bestreuen.

Schneewittchenspeise

»Weiß wie Schnee, rot wie Blut, schwarz wie Ebenholz« – am schönsten ist dieses märchenhafte Dessert in einer transparenten Schüssel aus Glas. Außerdem ist es durchaus gesund: Pumpernickel, die Mutter aller Vollkornbrote, enthält reichlich Ballaststoffe, viel Eiweiß und erstaunlich viele Mineralstoffe, allen voran Magnesium. Dunkle Schokolade mit hohem Kakaogehalt ist »Herzmedizin«. Dazu kommen dann noch Süßkirschen als wahre Vitaminbomben. Zusammen erwecken sie alle Schneewittchen dieser Welt zu neuem Leben!

1 Scheibe Pumpernickel
35 g Zartbitterschokolade (mindestens 75 % Kakao), grob geraspelt
400 g dunkle Süßkirschen, entsteint
125 g Speisequark (40 % Fett i. Tr.) oder Pflanzen-Skyr
einige EL Milch oder Haferdrink
½ Vanilleschote, ausgekratzt
1 TL Honig oder Agavensirup

- ☐ Pumpernickel fein zerbröseln, mit Schokoraspeln vermischen und in eine Glasschüssel geben oder auf zwei Glasschälchen verteilen.
- ☐ Kirschen auf die Brotmischung geben, ein paar Früchte zum Garnieren beiseite stellen.
- ☐ Quark oder Skyr mit Milch oder Haferdrink, Vanille und Honig oder Agavensirup zu einer glatten Creme verrühren und über die Kirschen streichen. Mit ein paar Kirschen und Schokoraspeln garnieren.

Gebackene Bananen

2 Bananen mit Schale
2 Kugeln Vanilleeis, auf Wunsch vegan

- □ Bananen im Backofen bei 180 – 200 °C etwa 20 Minuten backen.
- □ Gebackene Bananen aus der Schale lösen und sofort mit dem Vanilleeis servieren.

Tipp: *Bananen aus Bio-Anbau und fairem Handel sind ganz allgemein die beste Wahl. Bei diesem Rezept sollte aber besonders darauf geachtet werden. Die Schalen konventioneller Bananen sind oft mit Pestiziden und Anti-Schimmel-Mitteln belastet.*

Reinhilds Bananeneis

Braucht Kühlzeit!

2 Bananen
Saft einer halben Zitrone
200 g Seidentofu
1 TL weißes Mandelmus
1 TL Ahornsirup
1 MSP Vanillepulver

- □ Bananen mindestens drei Stunden vorher schälen, in Stücke schneiden, mit Zitrone beträufeln und tiefgefrieren.
- □ Kurz vor dem Servieren mit Tofu, Mandelmus, Ahornsirup und Vanillepulver im Mixer kräftig vermischen.

Joghurt mit Feigen und Sesam

Mit diesem leckeren Nachtisch können Sie einen beträchtlichen Teil Ihres täglichen Kalziumbedarfs decken.

5 Trockenfeigen, fein gehackt
300 g Joghurt oder Sojajoghurt
2 EL Sesamsamen

- ☐ Feigen und Joghurt oder Sojajoghurt mischen
- ☐ In zwei Schüsseln verteilen und mit den Sesamsamen bestreuen.

Johannisbeer-Buchweizen-Grütze

Beeren sind wahres Superfood, stecken voller Vitamine und schützender Antioxidantien. Buchweizen ergänzt wichtige Mineralstoffe, darunter vor allem Magnesium.

375 ml Johannisbeersaft
⅛ l Wasser
2 EL Honig oder Agavensirup
¼ Vanilleschote, ausgekratzt
50 g Buchweizen, fein gemahlen
150 g Himbeeren oder Erdbeeren

- ☐ Johannisbeersaft mit dem Wasser, dem Honig oder Agavensirup, dem ausgekratzten Vanillemark und dem Buchweizen aufkochen und bei geringer Hitze etwa 15 Minuten quellen lassen.
- ☐ Beeren in eine Schüssel geben. Die Grütze darübergeben und abkühlen lassen.

Tipp: *Lecker mit Vanillesauce, Vanilleeis, beides auf Wunsch vegan, oder flüssiger Sahne oder Hafersahne!*

Süßer Tofu mit Erdbeeren

Die ungewöhnliche Kombination braucht Zeit zum Marinieren und zum Kühlen!

Saft und abgeriebene Schale von einer unbehandelten Orange
1 EL Honig oder Agavensirup
½ TL Zimtpulver
1 Prise Kardamom, gemahlen
1 Prise Ingwer, gemahlen
125 g Tofu, klein gewürfelt
250 g Erdbeeren, geviertelt

- ☐ Orangensaft und -schale, Honig und Gewürze in einer Schüssel mischen.
- ☐ Die Tofuwürfel dazugeben und über Nacht durchziehen lassen.
- ☐ Am nächsten Tag die Erdbeeren unterheben und noch einmal mindestens eine Stunde im Kühlschrank stehen lassen.
- ☐ Gekühlt servieren.

Tipp: *Mit einem Sparschäler lassen sich dünne Streifen der Orangenschale abziehen. Eine feine und schmackhafte Deko!*

Gebäck

Brownies

Eine vollwertige und schokoladige Verwöhnleckerei zum Nachmittagstee.

1 kleinerer Apfel, geschält, entkernt und geviertelt
1 TL Sonnenblumenöl
150 g Vollrohrzucker
400 g Seidentofu
200 g Weizenvollkornmehl
2 gehäufte TL Backpulver
50 g Kakaopulver
½ TL Zimtpulver
1 TL Vanillepulver
Fett für die Form
2 EL Walnüsse, gehackt

- ☐ Apfel in wenig Wasser im geschlossenen Topf etwa zehn Minuten kochen, abgießen und durch ein Sieb streichen.
- ☐ Apfelmus mit Öl, Zucker und Tofu in der Küchenmaschine oder mit dem Handrührgerät zu einer Creme verarbeiten.
- ☐ Mehl mit Backpulver, Kakao und Gewürzen vermischen und nach und nach unterrühren.
- ☐ Den Teig in eine große, flache, gut eingefettete Auflaufform geben und glatt streichen.
- ☐ Gleichmäßig mit den Walnüssen bestreuen und im Backofen bei 180 °C etwa 20 – 25 Minuten backen.
- ☐ Nach dem Abkühlen in schmale Streifen schneiden und diese vorsichtig aus der Form heben.

Sirupriegel

Das Rezept ergibt etwa sechzehn süße Riegel zum gesunden Naschen.

4 EL Zuckerrübensirup
8 EL Erdnuss- oder Rapsöl
300 g Haferflocken
8 EL Sonnenblumenkerne
Fett für die Form

- Sirup und Öl in einem Topf erhitzen.
- Vom Herd nehmen und die Flocken und Sonnenblumenkerne unterrühren.
- Die Masse in eine flache, eingefettete Kuchenform geben und im Backofen bei 180 – 200 °C 20 – 25 Minuten backen.
- Abkühlen lassen und in sechzehn Stücke schneiden.

Bananenkuchen

Gelingt immer, schmeckt allen – ein bewährter Familienklassiker!

125 g Butter oder Margarine
100 g Vollrohrzucker
2 Eier, verquirlt, oder 2 EL Sojamehl, mit 4 EL Wasser, gequollen
3 reife Bananen (etwa 300 g), mit der Gabel zerdrückt
200 g Weizenvollkornmehl
1 Päckchen Backpulver
1 Päckchen Vanille-Puddingpulver, auf Wunsch vegan
2 EL Mandeln, grob gemahlen
Fett für die Form

- Butter oder Margarine mit dem Zucker schaumig rühren.
- Nach und nach Eier oder Sojamehlmischung, Bananen, Mehl, Backpulver, Puddingpulver und Mandeln unterrühren.
- Den Teig in eine gefettete Kastenform geben und im Backofen bei 160 – 180 °C etwa 60 Minuten backen.

Verzeichnis der Rezepte

Die Autorin

Irmela Erckenbrecht lebt bei Göttingen. Die Autorin erfolgreicher Koch- und Gartenbücher ist selbst Mutter auf Veggiekurs. In Göttingen engagiert sie sich in der »Initiative Veggietag«. Im Hauptberuf übersetzt Irmela Erckenbrecht Sach- und Kinderbücher, vor allem aber literarische Werke aus England, Irland und Nordamerika. Mehr dazu unter www.erckenbrecht.de

Sie ist Autorin folgender pala-Bücher:

- ☐ Querbeet – Vegetarisch kochen rund ums Gartenjahr
- ☐ Zucchini – Ein Erste-Hilfe-Handbuch für die Ernteschwemme
- ☐ Erbsenalarm!
- ☐ Das vegetarische Baby – Schwangerschaft, Stillzeit, Erstes Lebensjahr
- ☐ So schmeckt's Kindern vegetarisch
- ☐ Teenager auf Veggiekurs
- ☐ Die Kräuterspirale
- ☐ Wie baue ich eine Kräuterspirale?
- ☐ Neue Ideen für die Kräuterspirale
- ☐ Duftoase Kräuterspirale
- ☐ Rosmarin und Pimpinelle – Das Kochbuch zur Kräuterspirale
- ☐ Sichtschutz im lebendigen Garten (mit Rainer Lutter)
- ☐ American Veggie
- ☐ Der Spielgarten (mit Rainer Lutter)
- ☐ Vegane Menüs
- ☐ Probier's vegan
- ☐ Farbstark mit sevengardens (mit Peter Reichenbach)

Anhang

Nützliche Adressen

Allgemeine Ernährungsfragen

Deutsche Gesellschaft für Ernährung e. V.
Godesberger Allee 18
53175 Bonn
www.dge.de

Verband für Unabhängige Gesundheitsberatung (UGB) e. V.
Sandusweg 3
35435 Wettenberg
www.ugb.de

Arbeitskreis für Ernährungsforschung e. V.
Niddastraße 14
61118 Bad Vilbel
www.ak-ernaehrung.de

Österreichische Gesellschaft für Ernährung
c/o AGES Bürotrakt WH
Spargelfeldstraße 191
1220 Wien
www.oege.at

Schweizerische Gesellschaft für Ernährung
Eigerplatz 5
3007 Bern
www.sge-ssn.ch

Pflanzenbetonte Ernährung

ProVeg e. V.
Genthiner Straße 48
10785 Berlin
www.proveg.com

Vegane Gesellschaft Österreich
Meidlinger Hauptstraße 63/TOP 6
1120 Wien
www.vegan.at

Swissveg
Niederfeldstrasse 92
8408 Winterthur
www.swissveg.ch

Hebammen

Deutscher Hebammenverband e. V. (DHV)
Gartenstraße 26
76133 Karlsruhe
www.hebammenverband.de

Ammely
Zentrale Internetplattform für die Hebammensuche, entwickelt vom Deutschen Hebammenverband e. V. und dem Anbieter der Schwangerschafts-App »Keleya«
www.ammely.de

Bund freiberuflicher Hebammen Deutschlands e. V.
Kasseler Straße 1a
60486 Frankfurt
www.bfhd.de

Bundesweites Gesamtverzeichnis freiberuflicher Hebammen
Suchmaschine mit Adressen von Hebammen und Geburtshäusern im gesamten Bundesgebiet und deutschsprachigen Ausland.
www.hebammensuche.de

Österreichisches Hebammengremium
Landstraßer Hauptstraße 71/2
1030 Wien
www.hebammen.at

Schweizerischer Hebammenverband
Rosenweg 25c
3007 Bern
www.hebamme.ch

Frauengesundheitszentren

Bundesverband der Frauengesundheitszentren e. V.
c/o FFGZ e. V.
Bamberger Straße 51
10777 Berlin
www.frauengesundheitszentren.de

Zum Weiterlesen

Irmela Erckenbrecht: **Das vegetarische Baby.**
Schwangerschaft, Stillzeit, Erstes Lebensjahr, pala-verlag

Irmela Erckenbrecht: **So schmeckt's Kindern vegetarisch,** pala-verlag

Claus Leitzmann, Markus Keller: **Vegetarische und vegane Ernährung.**
UTB-Band Nr. 1868, Verlag Eugen Ulmer

Markus Keller, Edith Gätjen: **Vegane Ernährung.**
Schwangerschaft, Stillzeit und Beikost, Verlag Eugen Ulmer

Karl von Koerber, Thomas Männle, Claus Leitzmann: **Vollwert-Ernährung**.
Konzeption einer zeitgemäßen und nachhaltigen Ernährung, Haug Verlag

Ingeborg Stadelmann: **Die Hebammen-Sprechstunde,** Verlag Stadelmann

Kostenfreie Broschüren der Bundeszentrale für gesundheitliche Aufklärung, 50819 Köln, www.bzga.de (zum Bestellen oder als pdf-Datei zum Herunterladen): Rundum Schwangerschaft und Geburt, Ich bin dabei! Vater werden, Mann wird Vater. Informationen für werdende Väter zur Geburt

Kareen Dannhauer: **Guter Hoffnung.** Hebammenwissen für Mama und Baby.
Naturheilkunde und ganzheitliche Begleitung, Kösel-Verlag

Lennart Nilsson, Lars Hamberger, Linda Forsell, Gudrun Abascal:
Ein Kind entsteht, Mosaik Verlag

Jutta Grimm: **Ratgeber Stoffwindeln.**
Anders wickeln. Gesund fürs Kind und gut für die Umwelt, pala-verlag

Günter Wagner, Johannes M. Peil, Uwe Schröder: **Trink Dich Fit.**
Handbuch für das richtige Trinken, pala-verlag

Jutta Grimm:
Magisch fix
ISBN: 978-3-89566-373-4

Elke Puchtler:
Lavendelschätze
ISBN: 978-3-89566-377-2

Heike Kügler-Anger:
Cucina vegana
ISBN: 978-3-89566-247-8

Anja Völkel:
Quinoa – Korn der Anden
ISBN: 978-3-89566-350-5

ISBN: 978-3-89566-411-3

Am Molkenbrunnen 4, 64287 Darmstadt
www.pala-verlag.de

Bildnachweis:
alle Fotos: Hanna Rudolf
www.bildervonherzen.de

Lektorat: Barbara Reis

Satz und Gestaltung: Die Werkstatt-Medien Produktion GmbH, Göttingen
www.werkstatt-produktion.de

Druck und Bindung:
Beltz Grafische Betriebe GmbH, Bad Langensalza
www.beltz-grafische-betriebe.de
Printed in Germany

Gedruckt auf
100% Recyclingpapier